# EL PASTOR

José Luis Navajo

# EL PASTOR

**Le ofrecieron el palacio; escogió el redil**

ORIGEN

Penguin
Random House
Grupo Editorial

Título original: *El pastor*
Primera edición: septiembre del 2023

© 2023, Jose Luis Navajo Ayora
© 2023, Penguin Random House Grupo Editorial USA, LLC
8950 SW 74th Court, Suite 2010
Miami, FL 33156

A menos que se indique lo contrario, todas las citas bíblicas fueron tomadas de la Santa Biblia, Nueva Versión Internacional, NVI, ©1973, 1978, 1984, 2011. (que la editora nos ayuda con esta parte en cuanto a versiculos)

Impreso en Colombia / *Printed in Colombia*

ISBN: 978-1-64473-571-8

ORIGEN es una marca registrada de Penguin Random House Grupo Editorial

# ÍNDICE

*Dedico este libro a la memoria de mi madre.*
*No solo me diste la vida, también un impecable ejemplo para vivirla.*

Mientras redacto estas líneas, lágrimas incontenibles humedecen mis mejillas. ¿La razón? Acabo de enterrar a mamá.

Solo hace unas horas su mano apretaba la mía y ahora mis dedos se congelan de frío. Partió para estar con el Señor y su ausencia muerde el alma, tanto como su presencia lo acariciaba.

Bajo el hielo de su partida busqué el calor que brinda el Salmo 23, y fue hoy cuando comprendí que esa joya literaria no va dirigida a quien se fue, sino a los que con el corazón desgarrado aquí quedamos.

*"Aunque ande en valle de sombra de muerte, no temeré mal alguno, porque tú estarás conmigo. Tu vara y tu cayado me infundirán aliento"* (Salmo 23:4).

No son los que partieron quienes recorren el valle de sombra; es a nosotros a quienes ese abismo ha tragado, y es para nosotros el reconfortante *"tú estarás conmigo"*, y su vara y su cayado y su consuelo…

Es para nosotros que el Pastor está aquí, porque ellos, los que se fueron, ya están allí, arropados en sus brazos, sin valles, sin sombra y sin muerte.

# DECLARACIÓN DE INTENCIONES

Alguien afirmó —y estoy de acuerdo— que la escritura es la pintura de la voz. Tuve la gozosa ocasión de escuchar a maestros de la oratoria que con el pincel de su voz combinaron adjetivos y verbos, creando un cuadro que nos extasió por su belleza.

Otros, lograron bordar bellos tapices con la aguja de su voz.

Lo mismo me ocurre cuando leo, pocas cosas me deleitan tanto como zambullirme en las páginas escritas como quien se sumerge en arrecifes de coral y encuentra tesoros ocultos en un maravilloso océano de tinta y letras.

Es mi anhelo, amable lector, que el volumen que sostienes en tus manos pueda surtir en ti ese efecto: el de emprender juntos un viaje donde pisemos el mismo suelo, miremos el mismo cielo y respiremos el mismo aroma.

Este libro no pretende más que ser una expedición a las entrañas del salmo veintitrés. No conozco poesía más perfecta ni medicina más efectiva que ese precioso salmo. Diseccionarlo, introducirme en sus secretos y pasear por sus corredores, ha transformado mi vida.

No cabe ninguna duda de que la epidemia de este siglo es la ansiedad. Ni el Covid19 ni ningún otro virus o bacteria ha generado más problemas de salud que ella. En España, donde me encuentro escribiendo, las autoridades sanitarias advierten de la impresionante escalada en el consumo de medicamentos para controlarla. Al parecer, la ausencia de psicólogos clínicos en la sanidad pública hace que "se tire" del recetario y somos el país del mundo que más Valium, Trankimacin y Orfidal consume. La situación ha llegado a tal extremo que muchos de esos fármacos comienzan a escasear y se teme que lleguemos al desabastecimiento.

El salmo veintitrés es un antídoto magnífico para ese mal. Cada verso de este canto es una inyección de paz en nuestro sistema nervioso central. La inocula en el alma y arropa con serenidad el corazón.

Para escribir este libro, hubo dos tinteros en los que empapé la pluma antes de posarla sobre el papel: el corazón de Dios y el mío. En el mío encontré mil preguntas; en el Suyo, las respuestas. ¡Qué razón tuvo quien afirmó que hay más respuestas en el cielo que preguntas en los labios de los hombres!

Distinguirás fácilmente qué palabras nacieron de mí y cuáles surgieron de Él. Mi deseo y ruego es que dicha combinación te nutra y este viaje te enriquezca. Veré entonces cumplido el objetivo de mi cita diaria con estos folios que emborroné con la tinta de mis emociones.

# PRELUDIO

Fue el mayordomo quien, alarmado por la insistente llamada, abrió la puerta. La visión lo dejó petrificado. Ante él se encontraba un ser venido a menos, casi un despojo. Llevaba las sandalias rotas y remendadas con una cuerda. Sus bronceadas piernas arañadas y heridas con llagas en muchos lugares. Un andrajoso delantal de lana de oveja rodeaba su cintura. Sus ojos, enrojecidos por el sol, parecían arder desde muy dentro.

—¿Puedo pasar? —no era voz la del visitante sino un sonido gutural mitad gemido mitad súplica.

Aterrado ante aquella visión, el criado cerró la pesada puerta de madera de roble y corrió a avisar a su señor que un extraño —y enfatizó el calificativo— aguardaba fuera.

Cuando Elihu llegó, el visitante, o lo que quedaba de él, yacía tirado bajo el techado de mármol que protegía la entrada de la casa del tiránico sol que mordía sin piedad.

—¿Quién eres? —interrogó Elihu con autoritaria seriedad.

Fue suficiente para que el ser que languidecía en el suelo alzase su cabeza. Aquellos ojos abrasados, hinchados y llorosos, sin embargo eran inconfundibles para Elihu:

—¡Yasser, hijo mío! Se tiró de rodillas junto a él y pasó su mano por el rostro quemado y surcado de heridas abiertas.

—¡Hijo mío! ¿Qué te ha ocurrido?

—Estoy bien… Estoy bien, porque ellas están bien…

Abrió y cerró la boca varias veces como intentando decir algo más, pero solo un suspiro subió por su garganta. O tal vez fuera un estertor, porque cerró los ojos y su cabeza se desplomó sobre los brazos heridos que descansaban en el suelo.

Pasando el tiempo llegué a conocer los detalles de esta historia. Los mismos que ahora me propongo ordenar sobre el papel para que se sepa lo acontecido. No se trata de morbosa curiosidad lo que motiva este empeño, sino la seguridad de que conocer estos eventos, será de inspiración y estímulo para quien los lea.

# PRIMERA PARTE

## VOCACIÓN INCOMPRENSIBLE
## Y TAMBIÉN IRREPRIMIBLE

# JAZIEL

Jaziel se detuvo ante el espejo de bronce bruñido y observó su rostro. Las huellas de la preocupación se dibujaban con descaro en los abultados párpados inferiores. La noche sin sueño le hizo amanecer con esas enormes ojeras.

Adaia lo abrazó desde atrás.

—¿Qué le ocurre a mi esposo favorito? —imprimió un tono cómico a la pregunta. Y no me digas que no te ocurre nada… No dormiste en toda la noche y apenas me dejaste dormir a mí.

—¡Lo siento! —tomó la mano de su esposa y depositó un beso en los finos dedos terminados en unas uñas muy bellas y bien cuidadas

—¡Si no es por mí que lo lamento, sino por ti! —conversaban frente al espejo buscándose la mirada sobre la superficie pulida—. Hoy será un día de duro trabajo y te costará enfrentarlo con el cuerpo cansado.

—Ya sabes que con una preocupación en la mente soy incapaz de dormir…

—Y esa preocupación que está aquí adentro —dijo ella tocando con el índice de su mano derecha varias veces sobre la frente de Jaziel— se llama Yasser, ¿verdad? Es eso lo que te quita el sueño. Sigues angustiado por nuestro hijo.

—¿Cómo no estarlo? —replicó con más vehemencia de la que hubiera querido—. Los planes que tiene son absurdos y peligrosos… ¡Quiere ser pastor! ¡Es ridículo y demasiado arriesgado! ¡Elihu le está ofreciendo el palacio y Yasser prefiere el inmundo redil! ¡No tiene ningún sentido! ¡Nuestro hijo ha perdido la cabeza!

Jaziel había ido elevando el volumen de su voz hasta casi gritar. Adaia aguardó pacientemente a que se hiciera silencio y fue entonces cuando, sin deshacer el abrazo, se puso frente a él.

—¿Recuerdas por qué le dimos el nombre de Yasser? —preguntó mirando a su esposo fijamente.

—¿Cómo olvidarlo? —primero enfocó a Adaia con la mirada pero enseguida posó la vista en el espejo de bronce trasladándose a aquel momento—. Le dimos ese nombre que significa "Dios nos protegerá" porque nació en un momento en que la vida nos oprimía por todos lados. Elegir llamarlo Yasser, fue un desafío al miedo que sentíamos... Una declaración de fe.

—¡Exacto! Una declaración de fe y ahora es el momento de activarla: "Yasser... Dios te protegerá", —la sonrisa de Adaia tenía la capacidad de infundir paz—. ¿No te tranquiliza saber que nuestro hijo tiene dos padres?

El desconcierto torció la expresión de Jaziel y provocó en ella una carcajada.

—Quiero decir —aclaró sin dejar de reír— que Dios también es padre de Yasser y allí, donde ni tú ni yo ni los dos juntos alcanzamos, Dios sí llega —y tras un oportuno silencio concluyó—: cuando nosotros solo tenemos preguntas, Él solo tiene respuestas.

Jaziel abrazó a su mujer.

—Cada día entiendo más la razón por la cual tus padres te llamaron Adaia... "Adorno de Dios" —susurró a su oído—, eso eres para el mundo... Eso eres para mí. ¡Qué privilegio tenerte!

—Muy gustosamente te demostraría ahora mismo cuánto te amo —respondió Adaia con voz melosa y sonrisa pícara— pero el señor está a punto de levantarse... Debo tener listo su desayuno y luego me espera el molino de trigo pues ya apenas hay pan.

—Yo hoy atenderé las viñas —repuso el hombre.

—Pues será mejor que empieces cuanto antes —dijo ella besándolo en los labios— hoy el sol apretará bastante y cada minuto que robes al amanecer te lo ahorrarás del tórrido medio día.

Y diciendo esto, Adaia se alejó andando entre las columnas de ónix negro con sus pasos resonando en el suelo de mármol brillante. Jaziel la observó hasta que la imagen de su amada quedó oculta por las enormes palmeras que crecían en vasijas de bronce alrededor de la fuente de alabastro en la que tres ninfas vertían agua. Volvió entonces su rostro hacia el espejo y le pareció que en sus ojos hinchados flotaba la imagen de su hijo... "Papá, pídele al señor que me permita ocuparme de los rebaños". Así le dijo el muchacho tiempo atrás. "¿De los rebaños?". Jaziel no podía entenderlo. "Sí, de las ovejas —insistió Yasser— quiero ser pastor".

Con resplandor de ascuas en los ojos verdinegros a los que tanto se asemejaban los de Yasser, más preocupado que airado respondió:

—Hay cosas para las que un padre nunca está preparado... una de ellas es para ver equivocarse tan profundamente a su hijo.

Observó largamente a su pequeño. La delicada túnica de lino azul oscuro que vestía y el cordón dorado que ceñía su cintura. Las sandalias del mejor cuero atadas a sus pantorrillas. Un anilló relucía en su mano derecha. Nadie podría imaginar al verlo que ese chico era hijo del matrimonio de los esclavos de la casa.

# ELIHU

Elihu y Jaziel se conocieron cuando, acosado por las deudas, el segundo necesitó un préstamo. Fue entonces que buscó la ayuda del próspero comerciante dueño de una de las mayores fortunas de la región.

Desde el primer momento, pudo percibir que Elihu era una persona de corazón bondadoso. Un hombre de aire patricio, evidente autoridad y aspecto impecable, el cual proyectaba una dignidad imposible de adquirir si no fuese natural. Transmitía serenidad y confianza en cada gesto. Sonrisa cordial y afable. Penetrantes ojos grises.

No, Elihu no era un usurero; al menos no uno típico. Los intereses con los que gravó el préstamo que hizo a Jaziel, no eran ni una décima parte de lo que la ley le autorizaba. Aquella transacción financiera tenía más de altruismo que de negocio.

El acuerdo era que Jaziel devolvería ese dinero en el plazo de un año. Pero la vida apretó más de lo esperado y el camino se puso cuesta arriba. Al no poder pagar, toda la familia quedó obligada a servir a Elihu. La ley establecía que tendrían que ser sus esclavos por un periodo de seis años.

Era cierto que Elihu pudo haber perdonado la deuda dejándolos libres. Si no lo hizo fue porque sabía que aquella familia había perdido su casa, necesitaba un techo bajo el que guarecerse y tres comidas al día, por eso permitió que la ley se ejecutara y Jaziel con lo suyos llegasen a su mansión. En su corazón no hubo ánimo de esclavizarlos sino de acogerlos. No los recibió como criados, sino como huéspedes que desempeñarían determinadas funciones en el hogar.

Llovía y hacía frío la mañana en la que Jaziel, su esposa Adaia y el hijo de ambos, Yasser, abandonaron la humilde barraca de madera que ya no era suya. Todas sus pertenencias cupieron en una pequeña carreta de la que ellos mismos tiraban. Caminaban en silencio rumiando su desdicha. Nunca imaginó Jaziel que en esa aparente desgracia vendría envuelta la verdadera gracia. Pues, pasar al servicio de Elihu, fue lo mejor que les pasó en la vida. Por eso, con el transcurrir del tiempo, cuando Yasser le dijo: "papá, ¡qué mala suerte tuviste de no poder pagar la deuda y perder nuestra casa!". Jaziel respondió con una sonrisa: "Sin esa mala suerte no habríamos conocido a personas tan maravillosas. Tendríamos aquella humilde casita y nada de lo que ahora tenemos. Hijo, a veces Dios permite que soltemos lo bueno para poder abrazar lo mejor".

Eso pudo decirlo tiempo después pero no al principio porque, aquel día, llegaron totalmente descorazonados a la heredad de Elihu. El rico comerciante los esperaba afuera y tras él se levantaba una edificación que a Yasser se le antojó mitad castillo y mitad palacio. En cuanto cruzaron la puerta, un ejército de sirvientes se puso en marcha para atender a Elihu.

Traspasado el umbral, Jaziel, una aterrada Adaia y el pequeño Yasser, de tan solo diez años, se vieron en un interminable recibidor decorado con tanto lujo y esplendor que era necesario entornar los ojos para admirarlo. El niño, con la boca abierta por la sorpresa, fijó la mirada en una escalinata de mármol que ascendía perfilada por colgaduras de seda y terciopelo. Jamás, ni en el mejor de sus sueños, habría concebido que algo tan bello pudiera existir.

Desde el primer día Elihu los trató con mucha consideración, en especial a Yasser, a quien adoptó como suyo. Tener un retoño era el sueño incumplido del magnate. Nada le había sido negado a Elihu, excepto el don de la paternidad. Muy joven se enamoró de Suri. Desde que la vio se le antojó frágil, bella, joven, dócil y fértil… Acertó en todo menos en lo último, pues el útero de Suri nunca logró cobijar a una criatura. Elihu podría haber tenido más esposas con las que perpetuar su nombre. La ley le autorizaba tener un harén siempre que su situación financiera le permitiera mantenerlo. Incluso, tenía el derecho de repudiar a Suri por causa de su esterilidad. El edicto rezaba de la siguiente manera: "El varón judío puede abandonar a su mujer por ser esta como un campo yermo y baldío que no da fruto. En definitiva: por no ser mujer". En cambio, Elihu honró con extrema fidelidad a su amada Suri; mujer tan grande en bondad como frágil en salud. Ni siquiera cuando ella falleció a causa de unas fiebres de origen impreciso quince años atrás, Elihu se permitió dormir con otra mujer. Su profundo amor se tornó paternal y aprovechó para volcarlo sobre el pequeño Yasser, a quien instruía como administrador de la abundante riqueza amasada gracias a su habilidad para los negocios.

Elihu comenzó su labor comercial cuatro décadas atrás vendiendo dátiles y miel. Desde la primera operación realizada, entendió que cualquiera capaz de identificar las necesidades de los demás y que tuviese interés en satisfacerlas, jamás pasaría hambre. Con el apretón de manos de su primer cliente, comprendió que había nacido para aquello y supo que no habría límite para su crecimiento financiero. Ahora era capaz de suministrar cualquier cosa que le pidieran: desde canela de Arabia hasta alabastro de Egipto, delicados tapices de Babilonia o un elefante del África profunda. Incluso las legiones romanas eran sus clientes, pues varios procuradores le habían comprado lotes de los poderosos caballos de mezcla árabe—española que solo él distribuía. Era uno de los pocos ricos que no formaba parte de la secta de los saduceos, aunque con un corazón inclinado a Dios y a la bondad, sin pertenecer a ninguna de las dieciséis familias de sacerdotes.

Los seis años que la ley establecía debían servirlo, fueron para Adaia y Jaziel como un suspiro, y durante ese tiempo el trato fue tan correcto y honroso que, cuando al fin del sexto año tuvieron la opción de recuperar su libertad, ambos decidieron voluntariamente continuar siendo sus sirvientes. El Sanedrín admitía esa posibilidad, si bien, para evitar que los esclavos permaneciesen al servicio de los amos por presión de estos, fue establecido un protocolo que exigía que la gestión del acuerdo fuera llevada por los jueces. Ante ellos el esclavo debía dejar claro, sin que quedara la menor duda al respecto, que realmente era su deseo renunciar a su libertad y permanecer en la condición en la cual se encontraba. Después de haber comunicado su deseo y manifestado que su motivo era el amor hacia su amo, el lóbulo de la oreja del esclavo se perforaba contra el dintel de la puerta de la casa. La dolorosa ceremonia tenía por objeto crear obstáculos con el fin de dar al siervo oportunidad de pensarlo mejor y decidir no someterse a aquello asumiendo la libertad que por ley le correspondía.

Era un rito doloroso, pero Jaziel lo aceptó de buen grado sabiendo que permanecer al servicio de Elihu era un privilegio para toda la familia.

Antes de conocer a su señor, su dieta consistía en aceitunas, pan de cebada y leche de cabra. Junto a su amo, conocieron el delicado pan de trigo, la suavidad de la leche de oveja y el dulzor de los dátiles.

# LO INCOMPRENSIBLE

Casi todo lo vivido desde que llegaron a aquella casa había sido semejante a navegar un remanso de paz.

Así fue hasta el momento en que la serenidad terminó y el remanso cedió lugar a una turbulenta angustia. Con la mirada fija en el bruñido bronce, Jaziel meneó la cabeza a derecha e izquierda mientras el desasosiego arañaba sus entrañas. Su hijo Yasser, con un futuro envidiable, iba a arruinar tan brillante perspectiva dedicándose a la más vil de las labores: cuidar ovejas.

Apretó los puños con crispación. ¡Pastorear estaba destinado al esclavo más débil! Solo quien no pudiera ocuparse de cualquier otra cosa que requiriese fortaleza, era destinado a los rebaños.

Cierto que Yasser no fue bendecido con una naturaleza robusta. En realidad, era bastante debilucho. Nunca rindió mucho en el cultivo de las tierras y no porque no se esforzara, de hecho, se implicaba tanto que dos veces estuvo a punto de morir. La primera entre las mieses maduras a causa de un golpe de calor.

Es sabido que en Israel la cebada comienza a madurar a principios de abril, y en los lugares más bajos y calurosos se comienza a segar a finales de ese mes. El trigo es algo más tardío que la cebada demorándose su siega algunos días con respecto a aquella, retraso que se prolonga en las tierras más altas y frías. Resumiendo: la cosecha de los cereales terminaba entre la última semana de mayo y los días finales de junio, si bien en los lugares más altos y fríos se alargaba hasta terminado septiembre, razón por la cual las temperaturas podían ser tórridas e incluso alcanzar extremos realmente peligrosos para el ser humano.

La otra ocasión en que Yasser casi perece, fue removiendo la tierra en barbecho. El motivo en este caso fue el gélido viento de finales de noviembre. Encontraron su cuerpo desplomado entre las malezas que arrancaba para limpiar la tierra, pues eliminando el rastrojo, se economizaba el agua que absorbía. Yasser se encontraba inconsciente; sus manos rígidas aún sostenían un manojo de malas hierbas y tenía los labios lívidos.

Fue después del segundo accidente cuando Elihu llamó a Jaziel y a su hijo:

—No quiero que ocurra una desgracia irreparable —les dijo—, por lo que he pensado que Yasser debe dejar de trabajar en el campo; quiero que se ocupe de mi biblioteca. Esa habitación y los pergaminos que contiene son uno de mis tesoros más preciados; necesito que alguien ordene y mantenga en buen estado los miles de manuscritos que allí se encuentran. De ese modo, Yasser, irás conociendo las entrañas del emporio que poseo porque el tiempo no está dispuesto a hacerme concesiones, la vida no me ha dado un hijo y debo preparar a un sucesor. ¿Os parece bien?

—Señor —repuso Jaziel— no tiene que consultarnos nada. Usted tiene el derecho de ordenarnos y nosotros el deber de obedecer.

—Lo sé, querido Jaziel, solo que el aprecio que os profeso me lleva a preferir vuestra colaboración antes que vuestra pleitesía.

Salieron de la presencia de Elihu y Jaziel se apresuró a sus labores, pero Yasser, convencido de que su padre nunca le diría al señor lo que en realidad anhelaba, decidió regresar para pedírselo él mismo.

—¡Mi buen Yasser! —exclamó Elihu sorprendido al ver de nuevo al joven—. ¿Olvidaste alguna cosa?

—Señor, si usted no tuviera inconveniente, me gustaría ser pastor de sus ovejas —suplicó tímidamente.

Elihu abrió la boca sin emitir sonido alguno. Retrocedió como si algo le hubiera golpeado, y cuando logró recuperar el habla, hizo un gran esfuerzo para decir:

—¡Supongo que bromeas! Y si no es así... ¿puedes repetirme lo que acabas de decir?

Yasser inclinó levemente la cabeza y repitió su mensaje:

—Le ruego que me permita ocuparme de sus rebaños, señor.

—Mírame, hijo...

Obediente, Yasser alzó la cabeza y fijó la mirada en Elihu. Se dio cuenta de lo mucho que su señor había envejecido en los seis años que hacía que le conocía. Su rostro lucía ceniciento, la nariz se le había afilado y sus orejas, incapaces de ofrecer resistencia a la indómita ley de gravedad, lucían descolgadas. Sin embargo, sus ojos mantenían la chispa de autoridad impregnada en ternura que lo hacían tan confiable.

Elihu tendió la mano que el chico tomó. Era suave y cálida, pero ligera y reseca como un pergamino. Observó sus arrugadas y hundidas mejillas y los largos pelos que asomaban de su nariz.

—Nunca —dijo Elihu— en mis setenta y dos años de vida, he sido testigo de semejante situación. Jamás alguno de mis ciento treinta y siete sirvientes ha expresado una solicitud tan absurda y carente de sentido como la que tú, hijo, acabas de hacerme.

El rico comerciante evidentemente fatigado soltó la mano de Yasser para tomar asiento en el diván con incrustaciones de carey y fijó sus ojos en la pared donde relucían piedras preciosas en brocados del más esmerado diseño.

—¿Te he abierto las puertas del palacio y me dices que prefieres los corrales? —meneó la cabeza a derecha e izquierda en gesto de perpleja negación. —No tiene sentido que quien se está formando para administrar mi emporio comercial prefiera vivir entre boñiga de ovejas y cabras —miró al chico con fijeza antes de preguntarle: —¿Quieres tomarte una semana para pensarlo?

—Lo he pensado mucho, señor, y estoy seguro de que es lo que me haría feliz.

—¿Ser pastor de mis ovejas? —la perplejidad parecía cincelada en el rostro del rico comerciante—. ¿Sabes lo que estás diciendo? Vives a la sombra de nuestros lujos y aunque no te pertenezca, cabalgas a lomos de una fortuna... y ¿me pides que te ponga en el lugar más miserable de esta casa?

—No quiero parecer desagradecido, señor, pero sé que pastorear me haría feliz.

—¿Tienes idea de cómo es ese trabajo?

El niño, en gesto de respeto, volvió a inclinar su cabeza mientras reconocía:

—En realidad no conozco mucho del oficio, pero sé que amo a esos animales.

—Te abro las puertas del palacio y tú prefieres el aprisco... —en actitud de persistente negación continuaba meneando la cabeza, perplejo y evidentemente incómodo.

Yasser, silencioso, siguió con la cabeza inclinada en respetuoso gesto. Elihu mantuvo la boca abierta unos segundos más por el asombro. Se aproximó al gran ventanal que asomaba a los jardines y con la vista fija en el palmeral sentenció:

—Trabajarás en mi biblioteca. Necesito que aquel lugar quede ordenado. Cuando termines, volveremos a hablar. Confío en que para entonces hayas cambiado de opinión.

—Haré lo que usted mande, señor —fue la respuesta.

# ESDRAS

—¡Acompáñame! —ordenó Elihu con una mezcla de perplejidad y enojo en la voz.

Recorrió un largo pasillo seguido por Yasser. Los pasos del comerciante eran muy cortos, como si se deslizara por el suelo. La imagen de ambos se reflejaba en el mármol que pisaban, tan pulido como un espejo. El pasaje concluía en una puerta que ambos cruzaron, viéndose inmersos en una amplia sala de paredes cubiertas con pergaminos del suelo al infinito. La fuente poblada de peces de colores que ocupaba el centro de la estancia creaba la melodía idónea para embeberse en la lectura.

—Joaquín —se dirigió Elihu a un mozo—, dígale a Esdras que baje a la biblioteca.

Los sirvientes sin rostro ni presencia audible, se desplazaban a la mínima orden del señor con la eficacia y docilidad de un cuerpo de insectos bien entrenados. No pasaron ni dos minutos antes de que el criado apareciese:

—¿Deseaba verme el señor?

—Sí, Esdras. Este es Yasser, quiero que le instruyas en los pormenores de esta biblioteca para que se ocupe de ordenar el mare mágnum de pergaminos en que la he convertido.

Yasser observó al diminuto sirviente de nariz aguileña y ojos pequeños, perspicaces y demasiado separados.

—Lo haré con gusto, señor.

—Nadie mejor que Esdras para familiarizarte con este museo —dijo Elihu al impresionado Yasser y continuó: —él es mi amanuense particular y se ocupa de transcribir los pergaminos que comienzan a mostrar signos de deterioro.

El escriba sonrió complacido y se inclinó en una leve reverencia.

—Gracias, señor —se dirigió entonces a Yasser— ¡acompáñame, muchacho! Vas a conocer un mundo fascinante...

—Una pregunta, hijo... —Elihu tocó el hombro de Yasser antes de que este se retirase.

El chico que ya tenía su mirada orientada hacia los cientos de pergaminos que se apretaban en los estantes, se giró hacia su señor.

—¿Conocen tus padres esa decisión? —y puntualizó aún más su pregunta—. Me refiero a tu deseo de ser pastor. ¿Lo saben?

—Sí, señor. La conocen hace tiempo.

—Y ¿qué opinan?

—No la comparten del todo —reflexionó un instante antes de matizar— más bien, están en desacuerdo. Tampoco comprenden que quiera dedicarme a eso, pero desean que yo sea feliz y saben que nunca podré serlo alejado del propósito para el que nací.

—Entiendo... —se alejó Elihu meciendo su cabeza como quien es incapaz de asimilar la desdicha que acaba de saber.

Esdras resultó ser un extraordinario maestro de quien Yasser aprendió mucho, en especial el amor a la literatura y la reverencia ante lo sagrado. Pertenecía a la secta de los fariseos, como la mayoría de los escribas y como todos ellos, Esdras observaba con extremo rigor el respeto y acatamiento extremo de las Escrituras.

—Chico —le dijo Esdras el primer día—, ¿eres consciente del aprecio que Elihu te tiene?

—Yo también lo aprecio a él —dijo Yasser evitando la pregunta.

—¿Sabes que en esta injusta sociedad existe una norma particular? —sin aguardar la respuesta el amanuense continuó—. Los esclavos, y no olvides que tú lo eres, deben ser analfabetos.

En el sur, los blancos que enseñan a leer a un esclavo reciben un castigo severo.

El joven Yasser amusgó los ojos, entre sorprendido y sobresaltado.

—Para que un esclavo esté contento con su situación, es indispensable que no piense demasiado. Es necesario oscurecer su visión moral y mental y, siempre que sea posible, aniquilar en él su razonamiento. Ese es el motivo por el cual los esclavistas controlan lo que los esclavos oyen, ven y piensan. La razón por la que la lectura y el pensamiento crítico son tan peligrosos, ciertamente subversivos en una sociedad tan despótica como esta.

—¿Entonces, Elihu…? —Yasser estaba conmovido.

—Elihu no te quiere analfabeto porque no te considera esclavo sino hijo. No solo te brinda la enseñanza, sino que te entrega este lugar que es su museo cultural. Este recinto es para el señor su valor más preciado y te lo está ofreciendo.

Fue un tiempo muy enriquecedor el que Yasser pasó junto al amanuense. Le fascinaba observar el ritual que desarrollaba a la hora de transcribir los textos. Cuando un papiro o pergamino mostraba algún signo de desgaste, cosa bastante común debido a la fragilidad del material y a la sequedad de la región, Esdras lo transcribía para evitar que el texto que contenía se perdiera.

Yasser aprendió que la diferencia entre un papiro y un pergamino era que, el primero se fabricaba a base de una planta acuática, mientras que el segundo, se hacía con pieles de animales y resultaba bastante más duradero aunque mucho más caro, por lo que la mayoría de los escritos se realizaban sobre papiro.

Lo que más le fascinó fue la reverencia con la que Esdras trataba los textos de las Sagradas Escrituras. Siempre era meticuloso en su labor cualquiera que fuera el texto a copiar, pero cuando enfrentaba la transcripción de una parte de la Torá o de los escritos proféticos, esa atención y miramiento se extremaban hasta la obsesión. Le aterraban los errores hasta el punto de contar no solo las palabras copiadas, sino incluso las letras. Si detectaba el más mínimo error, por ejemplo, que una letra —una sola— estuviera mal escrita, desechaba toda la copia. Dicha sección se eliminaba y reemplazaba por una nueva en la que no hubiese errores. Para evitar esos fallos antes de escribir una palabra la leía en voz alta.

—Mis padres también eran escribas —le explicó el amanuense un día— de hecho, me llamaron Esdras porque fue en tiempos de ese sacerdote y profeta cuando se comenzó a reconocer a los copistas de las Escrituras como un grupo diferenciado y dedicado en exclusiva a tal labor.

—He observado —le comentó un día Yasser— que pones especial cuidado al escribir el nombre del Omnipotente.

Y es que el joven había quedado impresionado al ver la meticulosidad con la que Esdras limpiaba su pluma antes de escribir la palabra Elohím (Dios) o Adonay (Señor Soberano).

El amanuense asintió antes de explicarle:

—Son reglas de los escribas. Si Herodes el Grande entrase a mi escritorio mientras estoy con El Nombre —había reverencia en su voz al enunciarlo—, el rey tendría que esperar. No levantaría mi vista hasta concluirlo. Luego lo taparía hasta que la tinta secase de modo que ninguna impureza quedara adherida a la tinta fresca con la que escribí El Nombre Sagrado... El rey tendría que esperar —repitió el escriba.

Conociendo la soberbia y crueldad que algunos atribuían a Herodes el Grande, monarca regente en ese tiempo, Yasser se estremeció al considerar las consecuencias de tal desafío.

Esdras pareció adivinar el pensamiento bullendo en la cabeza del aprendiz.

—Nada es más importante que Adonai —acotó el escriba.

—Nadie es más importante que el grande y único Elohim.

Tales cuidados y grado de esmero, por parte de los escribas, hicieron que para la fe judía una copia fiel fuera incluso preferible al propio original, puesto que se consideraba una falta de respeto tener la Palabra de Dios escrita en papiros y pergaminos viejos o rotos.

Los escribas, llamados *sopherim*, eran los responsables de guardar la Ley de Dios, pero también de revelarla y enseñarla. Yasser quedó admirado cuando Esdras le explicó la singular disciplina a la que se ceñían en la transcripción del texto sagrado y que incluía reglas como:

El contenido de un rollo solo podía escribirse en pieles de animales ceremonialmente limpios. El rollo había de cumplir con requisitos estrictos en cuanto a sus dimensiones de largo y ancho. El rollo debía ser lineado cuidadosamente antes de depositar en él alguna letra. La tinta tenía que ser negra y preparada con una receta especial. El copista trabajaba únicamente después de lavar todo su cuerpo y vestir prendas especiales. Entre cada letra se exigía un espaciado que no podía superar el grosor de un cabello. La copia debía ser reproducción exacta, letra por letra, del original y cotejada contra la cuenta del número total de letras en el original y la copia. Al escribir el nombre de Dios, estaba prohibido introducir la pluma en la tinta una vez iniciado el trazo. Tampoco se podía desviar la atención del trabajo ni siquiera porque un rey se dirigiese al copista.

—¡Ven! —le dijo un día Esdras—. Voy a mostrarte algo que muy pocos han visto.

Yasser lo siguió, intrigado por la forma sigilosa en que el escriba se movía.

—Quiero que veas lo que el señor guarda aquí —musitó dirigiéndose a uno de los extremos de la enorme biblioteca.

—Por supuesto que no te lo enseñaría si no fuera por expreso deseo del mismo Elihu.

Se detuvo de pronto Esdras como si hubiera recordado algo importante. Acercándose a los grandes ventanales que asomaban al jardín, abatió las cortinas impidiendo ser vistos desde fuera.

—Toda precaución es poca —manifestó incrementando la ya exagerada curiosidad del joven Yasser.

Llegaron al extremo oeste de la biblioteca y el escriba retiró cerca de treinta papiros de la estantería dejando a la vista la pared del fondo. Un nicho había sido labrado en el tabique. Esdras introdujo la mano y de la profunda hendidura extrajo un cofre de madera.

—Ven, observa lo que hay aquí —depositó sobre una mesa el pequeño arcón y retirando una aldabilla de bronce lo abrió.

—Es un pergamino —señaló el joven sin ocultar su decepción. No le encajaban los misteriosos preliminares solo para mostrar un documento.

—No te confundas… no es un pergamino cualquiera —el amanuense desplegó el escrito y, ahora sí, el asombro invadió a Yasser.

—¡Brilla! —exclamó al ver los destellos que surgían de las letras—. ¡El texto resplandece!

—Es una copia del capítulo sesenta y uno de Isaías —reveló Esdras— está escrito con tinta de plata y las trece veces que aparece el nombre del Omnipotente, fue trazado con oro. Solo hay dos ejemplares en el mundo… Este es uno de ellos.

# OBSTINADA DECISIÓN

Jaziel continuó rememorando aquellos días de su llegada a la mansión de Elihu. Evocando aún frente al bruñido bronce, recordó el alivio experimentado al conocer que Elihu había exigido a Yasser trabajar en su biblioteca privada. Era esperanzador observar que su señor no estaba dispuesto a facilitar la absurda pretensión de su hijo. Yasser siempre manifestó inquietudes intelectuales y Jaziel pensó que un tiempo entre apasionantes escritos y documentos, resucitaría ese interés en el joven haciéndole desistir de sus ridículas inclinaciones pastoriles.

Por su parte Elihu, una vez instalado Yasser entre sus libros, optó por no volver a hablar del tema. Pasadas veinticinco semanas el joven Yasser informó a Esdras:

—He terminado el trabajo que me encargó el señor. ¿Puede decírselo?

El protocolo establecía que Esdras fuera el puente de conexión con Elihu en todo lo relacionado a la biblioteca. Yasser podía saltarse esa formalidad cuando quisiera, pues era notorio que la puerta y el corazón del rico comerciante estaban abiertos para él, pero el joven prefirió no subestimar al escriba.

Ese mismo día el copista llevó la noticia:

—Mi señor Elihu, el joven Yasser informa que ha terminado su trabajo en la biblioteca.

—¿En solo seis meses? —exclamó perplejo—. Es imposibe—Lo mismo pensé yo, señor, pero si gusta venir a verlo podrá comprobar con sus ojos la impecable labor que ese chico ha realizado.

De pie junto al estanque de pececillos de colores que adornaba el centro de la biblioteca, Elihu admiró con la boca abierta de asombro los miles de rollos de pergamino cuidadosamente alineados en las estanterías de nogal, las cuales se extendían desde el oscuro suelo de mármol hasta el techo recubierto de azulejos añil y oro.

—Señor, me tomé la libertad de ordenarlos por autor y también por temática —explicó Yasser—, he disfrutado mucho leyendo algunos de ellos. Tiene usted una biblioteca impresionante. Hasta el mismísimo emperador palidecería de envidia.

—Este lugar es mi espacio preferido —aseguró Elihu— y esos pergaminos se cuentan entre mis posesiones más preciadas. Aquí puedo consultar las obras de Horacio, Virgilio, Cátulo o Lucrecio. Tendría también verdaderas joyas de autores judíos, de no ser por la absurda prohibición de establecer escuelas de filosofía en toda la región de Judea.

—¿Lo prohibieron? —inquirió Yasser.

—Bajo pena de muerte —afirmó Elihu con pesadumbre—. Tras la ocupación, y de eso hace ya cuatrocientos años, se penalizó de forma capital a quien osase establecer una escuela de filosofía en Judea —meció la cabeza de derecha a izquierda—. Pero a un judío sensato el orgullo no le impedirá beber de fuentes sabias, aunque no estén nutridas por sangre hebrea. Aquí —con un movimiento de su mano derecha abarcó toda la estancia— hay tesoros de conocimientos, por eso quería que te desempeñases en este lugar durante un tiempo, supuse que llegarías a amar este lugar tanto como yo y me complace ver que no estaba equivocado.

—He disfrutado mucho estar aquí, señor, y le estaré muy agradecido si de vez en cuando me permite el acceso a estos rollos.

Elihu le miró con gesto complacido.

—Por supuesto que tienes permiso para entrar aquí cuando quieras. De hecho, este es el lugar en el que me gustaría que me sirvieras. Sé que el amor a la literatura te hará desistir de otros oficios. ¿Estoy equivocado?

—Me encanta este lugar, señor, pero mi corazón sigue apegado a los rediles. Si usted me concede el honor de pastorear, seré feliz.

Elihu se mesó la puntiaguda barba y con tono incisivo inquirió:

—¿Oíste hablar de los *amaares*?

—Creo que se refiere a lo que el sanedrín denomina "oficios mal vistos".

—Más que eso —sentenció Elihu—, ¡son oficios malditos!

Guardó un instante de silencio orientado a que la expresión causase en el joven el impacto deseado.

—¿Sabes que los pastores inauguran esa denigrante relación de profesiones? —y continuó recalcando con firmeza—. Los cuidadores de ovejas son los primeros en la lista de oficios malditos.

—Lo sé, señor, y si me lo permite… —inclinó la cabeza en señal de respeto consciente de que iba a proferir una frase arriesgada—, me parece injusto que se les considere así.

—Los cuidadores de ovejas —explicó pese a aquello Elihu— son considerados ladrones, embusteros y canallas. Sus testimonios son inválidos en un tribunal público.

Yasser guardó silencio y Elihu decidió forzar su reacción:

—¿Sabes que a los pastores se les tiene prohibida la entrada al templo?

—Lo sé, señor, e insisto en que…

—¿Conoces que los rabinos enseñan —interrumpió Elihu algo crispado— que es muy difícil que un pastor pueda ir al cielo cuando muera?

—Lo conozco, señor —ripostó Yasser añadiendo con rapidez antes de que Elihu retomase su andanada de reproches— y no deja de asombrarme que el gran Elohim asuma el título de pastor —puntualizó—. Él dijo, por boca del profeta Ezequiel, que somos ovejas de su prado… Es sorprendente que los rabinos enseñen que los pastores no irán al cielo y Adonai, que lo gobierna, se haga llamar "pastor".

Elihu hizo un gran esfuerzo para ocultar su perplejidad ante el conocimiento que el jovencito exhibía. Con razón Jaziel acostumbraba a llamar a su retoño "ratón de biblioteca".

Observando al chico, el poderoso comerciante se afirmó en la idea de que no podía permitir que una mente tan brillante y privilegiada quedase relegada a limpiar excremento de ovejas y cabras.

—¿No le resulta extraño, señor? —la voz de Yasser lo sacó de sus reflexiones—. ¿Por qué Él se haría llamar pastor si estos son gente maldita?

—Reconozco que tienes razón —admitió Elihu—. Resulta extraño y solo puedo explicarlo apelando a la paradoja del amor. Tan extraño como adoptar el humilde papel de alfarero. ¿Conocías que Elohim adopta también la figura de un alfarero?

—Cierto —asintió Yasser—. Lo leí en el pergamino del profeta Jeremías.

Yasser señaló hacia uno de los estantes de la biblioteca.

—Sus manos diseñaron el universo y luego se compara con el humilde artesano que entierra sus dedos en barro —Elihu musitaba su argumento mientras mecía su cabeza de lado a lado en su habitual gesto de perplejidad—. Es el Innombrable, ocupa el trono más alto y a continuación adopta el papel más humilde. Solo el amor puede lograr tal contradicción. Despreció altos rangos a cambio de estar cerca de nosotros. Hizo a un lado privilegios y nos puso junto a Él —e insistió—, son los movimientos absurdos del amor.

—Estoy de acuerdo con usted, señor —admitió Yasser—, pero el de "pastor" es el papel que más me conmueve de cuantos Él asume. Creo que lo hace porque en realidad nosotros necesitamos un pastor. Entre las cosas que he leído en esta biblioteca, me llamó la atención el pergamino que habla del gran parecido entre la oveja y el ser humano. Si nos parecemos a ellas tanto, es lógico que la mejor forma en la que Elohim puede ayudarnos, es siendo nuestro pastor.

—Sé a qué volumen te refieres —repuso Elihu— es un interesante ensayo científico que apunta a asombrosas similitudes entre el ser humano y las ovejas.

—Sí, señor, y si nos parecemos tanto ni un emperador, ni un general, ni un rey, serán capaces de comprendernos… solo un pastor. Tal vez por eso hizo a un lado otros títulos más honrosos y adoptó ese.

Asintió Elihu con creciente asombro ante las maduras reflexiones de un muchacho tan joven.

—¿Qué más leíste aquí? —quiso saber.

—Que el gran profeta Moisés pastoreó ovejas en un desierto en el norte de Arabia durante cuarenta años; y que nuestro antepasado David fue pastor de ovejas antes de ser ungido rey; y también el venerable José, hijo de Jacob, que administró durante un tiempo la inmensa riqueza del emperador de Egipto… antes de eso pastoreó. Para ser un oficio maldito son muchos los honorables antepasados que lo desempeñaron.

—Veo que te has empapado bien de la historia…

—Es muy interesante lo que guarda usted en esta biblioteca, señor.

—Entonces ¿estás decidido? —interrogó casi con temor—. ¿Quieres ser pastor?

—Lo deseo con todo mi corazón, señor —no había un ápice de duda en Yasser.

—No quiero ser recalcitrante, hijo, pero déjame que te recuerde algo más —Elihu no estaba dispuesto a ceder fácilmente—. El de pastor es un trabajo peligroso: las fieras y los ladrones asaltan constantemente los rebaños.

—Conozco los riesgos, señor.

—Los conoces, ¿y sin embargo deseas ser pastor? —Elihu
meneó la cabeza y lo miró con desconcierto—. ¿Qué te lleva
a tomar una decisión tan extraña?

—El amor, señor. Amo a las ovejas. Mi corazón se desvive
ante un animal tan indefenso…

Mitad incrédulo, mitad perplejo, Elihu no cesaba de ne-
gar con la cabeza. En su mano estaba la posibilidad de cerrar
ese camino al joven y este no tendría otra opción que acatar
sus órdenes, pero no era eso lo que Elihu deseaba. Pesaba más
el deseo de ver a Yasser feliz que el de salirse con la suya.

—Veo que nada te hará desistir de tu empeño —reconoció—, sea entonces como deseas. Hablaré con el capataz para
indicarle que vaya educándote en el pastoreo y que, llegado
el tiempo, si no te curas de este ataque de locura, te transfiera
la responsabilidad de los rebaños.

—¡Gracias, señor! —los ojos del muchacho chispearon con
la ilusión. La pasión de una llamada que había prendido en sus
entrañas mucho tiempo atrás comenzaba a cristalizarse.

# ORO OCULTO EN UN ESTANTE

Se dispuso Elihu a abandonar la biblioteca, pero ya con la mano en el pomo de la puerta se giró hacia Yasser para decirle:

—Quiero que, en agradecimiento por el excelente trabajo que hiciste aquí, te lleves uno de los pergaminos. Elige uno; el que quieras.

—¿El que quiera, señor? —Yasser quedó boquiabierto por la sorpresa. Allí adentro había auténticas joyas de incalculable valor.

—Así es —asintió Elihu con una sonrisa—, el que tú prefieras. Es un regalo que deseo hacerte por tu magnífico desempeño.

—¡Gracias, señor!

Sin dudarlo un instante, como si hubiera estado anhelando ese ofrecimiento y ya tuviese preparada su elección, Yasser corrió hacia uno de los extremos de la biblioteca y utilizando la escalera se aupó al estante más alto, de donde extrajo un papiro.

—Este es el que quiero, señor.

—Lo que has tomado es un papiro —advirtió Elihu— pensé que elegirías un pergamino, son mucho más valiosos.

—Lo sé, señor, pero el texto de este papiro me ha gustado mucho.

Llegando junto al anciano comerciante desplegó el documento. Lo hizo con sumo cuidado, como quien maneja una frágil pieza de cristal. El escrito se inauguraba con las iniciales D.R. que seguramente corresponderían al nombre del autor. Leyó Elihu con cierta dificultad las palabras, algo desdibujadas a causa del tiempo.

—Esdras debe comenzar cuanto antes la transcripción de este papiro —murmuró entornando los ojos en el esfuerzo de leer— las letras están desdibujadas.

El texto estaba punteado con numerales y estrofas con entradas subrayadas que parecían indicar divisiones de frases. Cuanto más lo examinaba más se le antojaba algo similar a un poema... un bellísimo poema:

D. R.
*Elohim es mi pastor; nada me faltará.*
*En lugares de delicados pastos me hará descansar;*
*Junto a aguas de reposo me pastoreará.*
*Confortará mi alma;*
*Me guiará por sendas de justicia por amor de su nombre.*
*Aunque ande en valle de sombra de muerte,*
*No temeré mal alguno, porque tú estarás conmigo;*
*Tu vara y tu cayado me infundirán aliento.*
*Aderezas mesa delante de mí en presencia de mis angustiadores;*
*Unges mi cabeza con aceite; mi copa está rebosando.*
*Ciertamente el bien y la misericordia me seguirán todos los días de mi vida,*
*Y en la casa de Elohim moraré por largos días.*

—No te quepa duda de que hiciste una buena elección.

—¿Qué significan estas dos letras? —Yasser señaló a las iniciales que abrían el escrito.

—D. R. —leyó Elihu y enseguida explicó—, son las iniciales de "David Rey". El honorable monarca de Israel, que hace un rato mencionaste y que antes de ocupar el trono estuvo entre los rediles...

—¿Fue pastor por muchos años?

—Desde luego que por más de los necesarios —aseguró—, cuidó las ovejas de su padre. Incluso después de ser ungido rey de Israel por el profeta Samuel, retornó por años a los rediles. ¿Puedes imaginarlo? Le ofrecen el palacio y regresa a los corrales...

Apenas hubo pronunciado esas palabras Elihu se dio cuenta de que el muchacho sí podía imaginarlo, pues era lo mismo que él estaba haciendo…, exactamente lo mismo.

—Fue confiable en ese humilde trabajo —añadió Elihu— y el gran Dios lo promovió hasta el mismísimo trono de Israel. Era, además, un buen músico y compositor, precisamente ese —dijo señalando el papiro que Yasser sostenía en su mano— es uno de los muchísimos cantos que compuso.

Jaziel apartó la mirada del espejo de bronce ante el que rememoraba la historia reciente. Un fuerte latido martilleaba sus sienes y cada pulsión era como un latigazo en su cabeza. Siempre somatizaba así la preocupación y en este caso el desasosiego tenía nombre propio: Yasser, su hijo.

Se dio cuenta de que el sol ya asomaba por el este. Ante él se abría una dura jornada en la viña, por lo que sin demorarlo más se dirigió a la salida.

# SABIDURÍA ENTRE MONTAÑAS DE EXCREMENTOS

Discurría el otoño e iban dorándose los bosques cuando, aquel lunes anticipándose a la salida del sol, Yasser caminaba hacia los rediles. El joven no imaginaba que estuviese a punto de conocer a una persona que cambiaría su vida para siempre.

A medida que se aproximaba a su destino, el aire iba cargándose de un olor ácido y pesado hasta que, ya junto a los corrales, la atmósfera era pura hediondez a estiércol. Yasser encontró el único vestigio humano que parecía haber en toda aquella área. Se trataba de un hombrecillo menudo al que el mundo parecía haber arrugado sobre sí mismo hasta quitarle todo menos la sonrisa. Con ahínco y esmero sacaba lustre al suelo con un escobón, amontonando las boñigas de ovejas y limpiando aquel inmundo espacio como si fuese el salón principal del palacio del emperador Augusto.

—Buenos días —saludó Yasser—. ¿Puedo ver al capataz?

—Si solo viniste a eso, ya cumpliste tu objetivo —declaró el hombrecillo con gesto risueño apoyado en la barredera—, lo tienes frente a ti, muchacho…

—¿Usted…? —lo miró de arriba abajo y le llevó apenas dos segundos recorrer la escasa dimensión de su interlocutor—. ¿Usted es el capataz? Yasser no pudo evitar un gesto de perplejidad al verlo con aquella ropa.

Era temprano y, aunque el invierno iba llegando a su fin, su frío aliento todavía era evidente. El capataz llevaba la típica vestimenta de un pastor: un manto de piel de oveja con la lana hacia dentro, sobre una túnica. Tenía la cabeza cubierta con un paño de lana. Todas las prendas se veían resistentes pero extremadamente gastadas.

A diferencia del resto de los sirvientes que iban descalzos, este llevaba sandalias. Algo imprescindible para quien recorre los caminos en busca de pastos y necesita proteger sus pies de espinos y rocas. Aquellas chancletas se veían tan ajadas que resultaba difícil pensar que cumplieran su función.

—Lamento decepcionarte —repuso reparando en el gesto del muchacho—, pero sí, yo soy el capataz.

Debió notar la extrañeza con la que el joven miraba el escobón.

—¿Te parece raro que limpie?

—Bueno, siendo usted el que manda...

—¿Por ser quien manda no debería limpiar el suelo? —se aproximó un poco más a Yasser—. Joven, si el que manda no es capaz de hacer el trabajo más humilde, entonces no merece mandar. Retornó a amontonar excrementos con hábiles movimientos de cepillo, —tendrá el poder que su cargo le otorga, pero no la autoridad que tan solo el ejemplo confiere.

Yasser asintió, más por un mecanismo reflejo que porque hubiese entendido lo que aquel hombre acababa de decirle.

—Además —añadió el capataz—, lo que estoy haciendo no es un trabajo cualquiera, es parte de nuestro plan de subsistencia. De esto que hago depende la fertilidad de los campos que sembramos; lo mismo que de eso —acotó señalando a la humeante montaña de excrementos— depende la calidad de nuestras cosechas.

Con un movimiento circular de su brazo abarcó la enorme planicie que circundaba los corrales donde la cebada y el trigo comenzaban a blanquear.

—El estercolado del campo y la quema de rastrojo son los únicos recursos con los que contamos para devolver al suelo los fertilizantes que le robamos con cada cosecha. —Lo siento —reconoció ahora el joven Yasser—, pero no entiendo lo que quiere decirme.

—Todo esto que ves aquí —señaló al montón de boñiga que había acumulado al barrer—, se mezclará con el estiércol de los corrales, cuadras y establos. Lo esparciremos en el campo después de la cosecha y allí se mezclará con la paja que quede de los cereales y luego lo enterraremos con el arado mientras labramos la tierra.

—Eso, amigo, aporta sanidad al terreno y elimina plagas y enfermedades del suelo —volvió a apoyarse en el extremo del escobón y concluyó su discurso sin perder un ápice de la sonrisa que iluminaba su rostro. —Si en ese montón solo viese basura, puedes estar seguro de que me deprimiría; pero al mirar esos residuos lo que veo es la próxima cosecha, por eso me siento feliz.

Yasser escuchaba, admirado por la sabiduría de aquel hombre. Reflexionó en que era tan pequeño por fuera como impresionante por dentro.

—¿Oíste hablar del "humus"? —quiso saber el capataz.

—No, señor —reconoció el muchacho—, nunca lo escuché.

—Pero de la humildad si has oído hablar, supongo…

—Eso, sí.

—El humus es la capa más fértil de la tierra —explicó Obed y continuó—, en realidad es la tierra que fertiliza al resto. Esto es el humus —señaló a la montaña de excrementos—, esta capa miserable hará fértil al resto. De la expresión "humus" se deriva nuestra palabra "humildad".

—Nunca pensé —reconoció— que un trabajo tan… —titubeó, buscando la palabra menos ofensiva.

—Tan sucio, puedes decirlo sin temor, y tan humilde —remachó el capataz. —No solemos caer en la cuenta de que los trabajos más sencillos y ordinarios suelen ser importantes

—y repitió— de los trabajos más ordinarios suelen desprenderse resultados extraordinarios. El aceite del candil está oculto en el depósito y no destaca a la vista, pero de él depende la luz. La lámpara que queda a la vista de todos no serviría de nada sin el aceite que permanece oculto. Suele ocurrir que lo menos aparente es lo más necesario. Lo que no se ve da valor a lo visible —rascó su sien derecha como reflexionando y pronto concluyó. Un árbol sin ir más lejos, ¿crees que podría asombrar al mundo con su verdor y envergadura sin las humildes raíces que están ocultas bajo tierra?

Yasser movía su cabeza, asintiendo, en ademán de aprobación, incapaz de replicar a sentencias tan acertadas.

—Por cierto —el hombre había retornado a barrer pero se detuvo y miró al horizonte con gesto evocador—, recuerdo la inteligente historia que me contó mi maestro en el arte de la agricultura y la ganadería. ¿Quieres escucharla?

Al asentir, Yasser produjo un gesto de placer en el capataz; como si llevara mucho tiempo sin hablar y ahora quisiera decirlo todo de una vez.

—Quien fuera mi mentor, me contó que en una ocasión acudió a su maestro para manifestarle los múltiples problemas que estaba enfrentando, a lo que este respondió parcamente: "vive como las flores". "¿A qué se refiere?", replicó él disconforme y entonces el maestro le explicó: "Las flores crecen entre basura pero de ella extraen los nutrientes y vitaminas que necesitan para crecer. Entierran sus raíces en el fango, pero exhiben nítidos colores sin mácula ni suciedad".

Yasser escuchaba creyendo entender la enseñanza que destilaba aquella historia. El capataz, no obstante, expresó:

—¡Así es la vida hijo! —de nuevo se dedicó a barrer—. Se trata de convertir la basura en nutrientes y los problemas en oportunidades para crecer. Las piedras que encontramos en el camino pueden hacernos tropezar, o servir de peldaño que nos aúpe a las copas de los árboles frutales.

Así era el capataz: un hombre que siempre tenía bajo la nariz el olor a boñiga sin que pareciera importarle; sonreía como si viviese inmerso en esencia de dioses.

—Ahora, dime ¿en qué puedo ayudarte? Cuando comienzo a hablar soy imparable, no tengo mucha ocasión de practicar el idioma con las ovejas. Por cierto, no me he presentado… Me llamo Obed.

—Yo soy Yasser…

—¡Ah!, eres Yasser —ahora sí se detuvo y miró al muchacho con gesto complacido—. El señor me habló de ti. Elihu me dijo que quieres ser pastor de ovejas.

—¡Con todo mi corazón!

Con el dedo pulgar y el nudillo del índice, Obed pellizcó la juvenil mejilla del chico.

—No imaginas cuánto me alegra esa noticia, Yasser. Estas criaturas —señaló a los corrales— necesitan personas que las amen. Estoy cansado de pastores que solo persiguen un salario, pero no están dispuestos a aportar nada más allá de un poco de su tiempo.

—¿Acaso hay pastores que no aman a las ovejas? —tal posibilidad no penetraba en la mente del chico.

—Sí —con gesto taciturno Obed afirmó—, lamentablemente los hay. Algunos confunden pastoreo con liderazgo. Solo quieren ser líderes del rebaño y más que proteger a las ovejas, las someten —de nuevo señaló al aprisco de donde provenía un concierto de balidos—. Felizmente otros buscan cuidarlas con corazón paternal. Es necesario amarlas, de lo contrario solo verás en ellas tu sustento. No deben ser eso, no, no deben ser tu jornal ni tu generador de valía personal, sino tu razón para vivir. Se compra lo que tiene precio, lo que tiene valor, se conquista. La dignidad, la autoridad, la influencia, el respeto, el amor…, son invaluables; nunca podrían comprarse, solo ganarse. De eso trata el oficio de pastor, de ganarse el amor y no el temor; que nos sigan por afecto, no por miedo. Se trata de amarles, porque lo que damos nos regresa multiplicado. Si entregamos amor, nos llegará el respeto y la verdadera influencia.

Yasser asentía al discurso cada vez más convencido de que estaba ante una persona de quien iba a aprender mucho más que solamente a pastorear.

—Algunos pastores —continuó entusiasmado el capataz—, cuando concluyen la luna de miel con su rebaño y descubren los sinsabores del oficio, se decepcionan y abandonan. Otros, siguen pastoreando desde el hastío y la resignación. No abandonan al rebaño porque de las ovejas se desprende el necesario sustento, pero lo que al inicio suponía un privilegio, ahora es una fastidiosa carga.

—¿Hay alguna manera de evitarlo?

—¿Evitar? —interrogó Obed—. ¿El qué…?

—Perder la pasión —precisó el joven. —No quiero dejar de sentir lo que ahora siento respecto a este oficio.

Obed miró al muchacho con gesto complacido. Realmente estaba contento de ver a un joven que valoraba y amaba aquel trabajo.

—Hay formas de evitarlo, sí, las hay. Pero es necesario buscarlas.

Yasser esperaba que Obed enumerase alguna, pero ante su silencio decidió interrogar:

—Si eso me ocurriera a mí; quiero decir, si comenzase a decepcionarme con el oficio ¿qué me sugeriría que hiciese etonces?

—Zambullirte en el "*com*"…

—¿Perdón? —el chico amusgó el gesto—. Creo que no lo entiendo…

—Dos *com* fundamentales son: compasión y compañía —concretó Obed y enseguida lo explicó—; mirar siempre a esos animales como seres que precisan de tu ayuda, eso es compasión, y lo segundo no es menos importante, compañía. Es decir, rodearte de personas con la misma vocación que tú. La pasión es contagiosa, si convives con personas en cuyo corazón arde la llama de la pasión, terminarás inflamado en ese fuego. El amor es contagioso, lo mismo que la desidia y la indiferencia. Tú eliges a qué llama acercarte; si a la que calienta o a la que abrasa y destruye.

Yasser escuchaba con arrobamiento como si se encontrase ante un gurú.

—No sé si todos los pastores irán al cielo —dijo Obed—, pero estoy seguro de que el verdadero pastor buscará que sus ovejas vivan en la tierra como si estuviesen en el cielo.

Escuchándolo, Yasser pensó que Obed no iría al cielo, él era el cielo. Estaba cada vez más convencido de que aquel hombre no era un pastor común, sino alguien con un corazón lleno de pasión y una cabeza desbordante de conocimiento y sabiduría.

—Compasión y compañía —repitió el capataz—, huye de la soledad porque este oficio es un atajo hacia ella. Cada pastor tiende a aislarse con su rebaño. El pastorado es un atajo al aislamiento. O estás apercibido o terminarás siendo pintor de tu propio lienzo, intérprete de tu melodía y escultor de tu trozo de mármol. Pero habrá momentos, no pocos, en los que precisarás de otra mano que te sostenga y un hombro en el cual apoyarte. No te aísles en tus decepciones, no imites a quienes encierran sus sentimientos en el calabozo de su alma hasta que se emponzoñan sin remedio.

—¿Qué deberían hacer quienes se aíslan y amargan con sus dolores? —interrogó Yasser—. Por lo que me cuenta puedo imaginar que este oficio tiene sus momentos difíciles y nadie está libre de sentirse herido...

—Los tiene, no dudes que tiene momentos difíciles —reconoció—, como también tiene muchos tiempos que son maravillosos e incomparables. Nadie está libre de sentirse herido, eso es cierto, pero debemos huir de la soledad de la herida, porque el ostracismo y el aislamiento infectan el arañazo y lo convierten en desgarrón. Distinto será si buscamos aliados emocionales en los que vaciarnos; almohadas humanas donde verter las lágrimas.

Obed observaba con aire paciente y benévolo, dejando que el chico se tomase su tiempo. Movió los labios varias veces, como si fuera a articular palabras, pero todas quedaban en un charco de silencio que finalmente Obed quebró con argumentos muy certeros:

—Las ovejas necesitan de personas que estén dispuestas a entregar sus vidas al empeño de cuidarlas. No gritarlas sino cuidarlas…; no usarlas sino cuidarlas. El pastor no es un privilegiado a quien se le dio autoridad sobre un rebaño, sino un siervo al que se le pone la responsabilidad de seres que precisan de atención. Dios no da un rebaño a un pastor; da un pastor a un rebaño. Son las ovejas las beneficiadas en la transacción. ¿Entiendes esto? —lo miró con fijeza hasta que estuvo seguro de que el joven le seguía; solo entonces añadió—. Hay pastores que ven el aprisco como fuente de recursos, no son estos los verdaderos pastores, sino aquellos que se ven a sí mismos como una fuente de recursos para las ovejas a las que aman.

—Hay muchas ovejas ahí adentro —dijo Yasser señalando al redil—, supongo que se necesitan muchos pastores.

—Así es… —cerca de los animales se hacía necesario alzar mucho la voz para escucharse sobre el concierto de balidos—, cuando vemos crecer un rebaño hasta un punto en que el número es excesivo para una sola persona, contratamos más pastores a los que conferimos la responsabilidad de una parte . Los pastores contratados tienen la responsabilidad del cuidado y bienestar de las ovejas; deben responder por cada una y cualquiera que se pierda o malogre, tendrán que reponerla. Reflexionó un instante antes de concluir —pero es verdaderamente difícil que un pastor que ama a las ovejas las pierda.[1]

---

[1] De ahí las palabras de Jesús: "Esta es la voluntad del Padre, que de todo lo que me diere no pierda yo nada". Juan 6:39. Próximo a su muerte él pudo orar: "A los que me diste yo los guardé, ninguno se perdió".

# LAS OVEJAS Y LOS HUMANOS

—Obed, ¿está usted de acuerdo en que la oveja se parece al ser humano?

El capataz sonrió ante el brusco cambio de tema que Yasser había propiciado.

—Veo que leíste el ensayo científico que el señor Elihu guarda en su biblioteca... Déjame ver si lo recuerdo —se rascó un poco la cabeza como azuzando la memoria—; hay determinados aspectos en la estructura y conducta de estos animales que se dan en el ser humano, como, por ejemplo: recuerdan durante muchos años eventos traumáticos; como animales gregarios que son precisan del grupo para subsistir —cerró los ojos concentrándose y siguió enumerando—: la soledad las deja indefensas por lo que requieren del pastor; necesitan dar para vivir; son terriblemente despistadas y muy miopes por lo cual tienen el oído muy acentuado; son muy vulnerables —volvió a rascar su sien derecha con la punta de su dedo índice—. ¿Me dejo alguno?

—¡Lo ha recordado de maravilla! —aplaudió Yasser cada vez más convencido de que Obed desarrollaba ese oficio por pura vocación, pues su capacidad intelectual le habría permitido dedicarse a otras profesiones mucho más lucrativas y que le habrían ganado reconocimiento—. ¿hace mucho que lo leyó?

—¡Muchísimo! —dijo Obed, y señaló a las ovejas—, pero a diario lo revivo en la convivencia con ellas.

—¿Realmente se parecen tanto como ese ensayo asegura?

Los dieciocho años de vida de Yasser no le habían dado la oportunidad de detectar que esos rasgos de comportamiento inherentes a las ovejas se dan también en la inmensa mayoría de las personas, pero Obed lo había comprobado en sobradas ocasiones, por eso explicó:

—Las Escrituras comparan más de quinientas veces al ser humano con las ovejas y en este hecho hay algo más que cultura rural o puro romanticismo. Se trata de conocimiento científico.

Comenzó a relatar como si estuviese impartiendo una clase magistral a un grupo de estudiantes:

—La oveja recuerda durante muchos años episodios dolorosos y traumáticos. Cuando algo o alguien maltrata al animal o hace que se sienta amenazado, este registra el acontecimiento en su memoria y es capaz de recordarlo durante años. Tal evocación aflige a la oveja, la inquieta y perturba, pero aun así se recrea en el evento. Ese recuerdo hará que, en situaciones similares a las que vivió o al visitar aquellos lugares donde experimentó el daño, entre en tensión, incluso en pánico, condicionando de ese modo su vida y sus movimientos.

—Es una lástima que haga eso —dijo el muchacho—, pues seguramente aquello que le ocurrió una vez ya no volverá a ocurrirle…

—El ser humano es parecido a la oveja en esto —continuó Obed—, somos capaces de tomar la silla y sentarnos sobre las cenizas de recuerdos mordientes: errores, decepciones, frustraciones, traiciones, fracasos o heridas, y pasarnos horas reviviendo aquel traumático episodio. A veces conectamos con las memorias oscuras durante semanas, meses y años rumiando ese episodio que nos araña.

—Pero recordarlo es como volver a vivirlo.

—Es como apurar mil veces la copa del dolor, y eso mata, pues hace que el suplicio se repita y la boca de la herida se reabra, haciéndose mayor cuanto más la abrimos, entonces el riesgo de infección es muy alto. Es imprescindible que cambiemos nuestro pensamiento y conectemos con recuerdos

más agradables. Hizo una breve pausa pero enseguida retomó su discurso.

—Un ser humano promedio, cuando llega a la edad de
cuarenta años, tiene archivadas en su memoria trescientas
cincuenta mil horas de recuerdos. La calidad de esos recuerdos determinará la calidad de su vida. Quien constantemente
trae su pasado a su presente está bloqueando su futuro. Cargar
con muertos del pasado intoxica y envenena. Es necesario
enterrar a los cadáveres. El pensamiento incide de manera
directa en la vida. Todo lo que ha llegado a ser una realidad
tangible, primero fue un pensamiento. Todo comienza en la
mente. Alguien bastante sabio lo dijo, lo leí en la biblioteca
del señor Elihu, pero no recuerdo al autor: "Siembra un pensamiento y obtendrás una acción. Siembra una acción y obtendrás un hábito. Siembra un hábito y obtendrás un carácter.
Siembra un carácter y obtendrás un destino".[2]

Obed hizo silencio, temeroso de estar aburriendo al joven
con tan larga disertación, pero la atención de Yasser era evidente por lo que se animó a continuar:

—En segundo lugar, la oveja necesita dar para vivir. ¿Oíste hablar de la esquila?

—¡Claro! —exclamó Yasser—. Es cuando que se quita la
lana a la oveja.

—Así es. Se hace cerca del verano, cuando las temperaturas ascienden y la lana comienza a suponer un abrigo excesivo para el animal. Es el momento en que el pastor debe
quitar el vellón de lana a la oveja. Aquella que no es esquilada, verá que su lana sigue naciendo, pero cada vez de una
inferior calidad. Por otro lado, además de que esa enorme
cantidad de lana daría un calor insoportable, se convierte en
peligro de muerte para el animal…

---

[2] "Cambien su manera de pensar para que así cambie su manera de vivir", Romanos
12:2 DHH.

—¿Peligro de muerte? —replicó Yasser pensando que el capataz exageraba.

—Como lo oyes. La lana no esquilada se transforma en criadero de parásitos, y si en algún momento el animal cayese a un arroyo, estanque o río, la lana absorbería el agua y el peso llevará al animal directamente al fondo. De ese modo descubrimos que dar no es un deber para la oveja, sino una necesidad de primer orden[3].

Para nosotros, los componentes de la raza humana, es exactamente igual: la codicia mata. La avaricia se convierte en un verdadero foco de infecciones. Dar a los demás es un atajo a la felicidad y a la salud emocional. Cualquier acto de generosidad y de amor dejará un eco persistente no solo en el que recibe, sino también en el que da. La generosidad es un néctar que impregna el paladar de un dulce sabor de bienestar.

---

[3] "Hay más bendición en dar que en recibir", Hechos 20:35 NTV.

# ¡HAY ÁNGELES EN LA TIERRA!

—Estoy asombrado —admitió Yasser—, nunca pensé estar tan relacionado con las ovejas. Ahora entiendo por qué en las Escrituras se nos compara con ellas y Dios se hace llamar pastor.

En ese momento el timbre de una voz femenina se dejó sentir entre los balidos:

—¡Papá! —la segunda vez fue más intenso y también más agudo—. ¿Estás por ahí, papá?

—¡Aquí estoy, Esther! —respondió Obed—. ¡En la entrada!

Una chica asomó y de inmediato Yasser quedó cautivado por la dueña de unos ojos vivaces que resplandecían en un rostro armonioso, rodeado de una larga melena de color negro. La aparición de la joven dejó a Yasser sin palabras. Era alta y esbelta. Desde luego no había heredado al padre. La delgadez de su cuerpo no impedía que sus formas femeninas denunciasen la generosidad y esmero con que el Creador se había empeñado en diseñarla.

—Es mi hija —dijo Obed al descubrir que el chico había sido atrapado por la imagen. Esther —instó su padre— ven, acércate y saluda a Yasser. Sospecho que este joven va a ser uno de nuestros mejores pastores.

Un asomo de sonrisa aleteó en la boca rellenita, y algo infantil aún, de la dueña de esos ojos. La mirada de Esther se enfocó en el joven.

—Hola Yasser —dijo, haciendo una educada reverencia que al chico se le antojó regia y elegante, y enseguida se dio vuelta dirigiéndose a su padre.

"Con razón se llama Esther[4] —pensó el joven pastor—, ¡brilla como una estrella en el firmamento!".

---

[4] Nombre de origen persa que significa "estrella".

Aunque, más que como a una estrella, le pareció resplandeciente y única como el sol.

La nariz y la frente de la chica formaban un conjunto perfecto que secuestró la mirada del muchacho. Ella, algo incómoda al sentirse recorrida por aquellos ojos que no dejaban de examinarla, se giró para alejarse.

La mirada de ambos conectó por segundos, pero fueron suficientes para que Yasser quedase prendado del brillo azabache en el centro de aquellas pupilas. El cabello suelto, liso y rotundamente negro, alcanzaba la diminuta cintura de la chica.

Esther se alejó y la mirada de Yasser se fue tras ella, pegada al agraciado movimiento femenino, mientras se perdía en la distancia. Ya no se le veía, pero se llevó cautivo al chico enredado en su larga cabellera que ondeaba al viento.

Mediaba el mes de Kislev[5] y hacía bastante frío, aunque Yasser no había estado pendiente de eso en toda la mañana. Al final, casi sintió calor.

—¿Por dónde íbamos? —retomó Obed intentando traer al joven de regreso del placentero viaje detrás de la chica. —¡Ah, sí!, la semejanza entre las ovejas y los humanos. Pues aguarda a escuchar el siguiente parecido…

Pero Yasser estaba lejos de allí. Hacía rato que la joven había desaparecido y la mirada del muchacho seguía clavada en el horizonte por donde la vio alejarse.

—¿Me escuchas, Yasser? —le dio dos palmadas en el brazo—. ¿Qué te ocurre, chico…? ¿Estás bien?

—¿Eh? ¡Ah, sí… le escucho!

—Otra característica de la oveja es que se pierde con gran facilidad —explicó el capataz—. La razón es que su vista es pobre y aunque por ese mismo motivo desarrollan agudeza auditiva, no deja de suponer para ellas un problema.

---

[5] Equivalente noviembre y diciembre en el calendario hebreo.

—¿Quiere decir que la oveja ve poco, pero escucha mucho?

—Precisamente. Han desarrollado el oído para compensar su incapacidad visual. Es así como reconocen con tanta precisión la voz de su pastor y la distinguen de la de cualquier extraño, pero también por eso se extravían con suma facilidad. Pueden estar a escasa distancia del redil y no encontrar el camino. De ahí que los pastores vayamos delante de ellas hablando, silbando o cantando, para que nos oigan y nos sigan. Vamos delante no solo para guiarlas, también para cuidarlas —en ese punto guardó silencio, cerró los ojos como rememorando y comenzó a relatar—. Aquel día madrugué mucho para subir al monte. El amanecer saludó envuelto en niebla espesa, por lo que el ascenso fue extremadamente lento. La neblina se abrazaba a la tierra haciendo que avanzar fuera dificultoso. Para complicar más las cosas, el camino estaba lleno de curvas cerradas y empinadas, pegadas a la ladera del monte.

—Al salir de una vuelta muy pronunciada, me encontré a unos caballos que descendían. Al verme, los percherones frenaron en seco deteniéndose a escasos centímetros de mí. Si los animales no hubieran reaccionado a tiempo, me habrían aplastado con sus poderosas patas, pero mi cuerpo habría actuado como freno por lo que ninguna de las ovejas habría sido dañada —miró al joven con intensidad intimidante—. ¿Comprendes lo que intento decirte? Solamente el pastor habría sido dañado; pastorear es exponer la vida en defensa del rebaño. Actuamos como barrera protectora. Vamos a la vanguardia, pero no como capitanes, sino como salvaguardas de las ovejas.

—Es emocionante lo que dice —Yasser sacudió la mano a la vez que soltaba un silbido—, imagino que se llevó un buen susto al ver a los caballos.

—No lo dudes, fue un gran sobresalto. Pero el punto es que también en esto nos parecemos a la oveja. Hay momentos en la vida en que carecemos de referencias y no sabemos qué paso nos corresponde dar. Es ahí donde la promesa de Dios adquiere pleno sentido. Tal vez leíste al profeta Isaias cuando dijo: "El Señor los guiará continuamente, les dará agua cuando tengan sed y restaurará sus fuerzas".[6]

—Estoy asombrado de tanto parecido…

—Añadiré uno más: cuando la oveja es separada de su familia o círculo social, su corazón se acelera en un claro síntoma de desasosiego. Igual ocurre con el ser humano que es gregario y sociable. Tanto las ovejas como los humanos necesitamos del grupo. Las ovejas precisan ser abrigadas por sus congéneres. Las fieras y aves de rapiña merodean buscando a la que se aleja y aísla, la cual será la víctima que alimente al depredador. Del mismo modo la socialización es necesaria para los humanos.

—La excesiva soledad nos empobrece, pues cierra las vías por la que podríamos obtener valiosas opiniones y criterios y, en general, aportes que nos harían mejores. El exceso de soledad llega a intoxicar nuestra alma. Por descontado que esos intercambios sociales deben ser saludables. No te juntes con cualquiera, porque la salud o la enfermedad de aquellos con quienes te relacionas te impregnará a ti.

—¿Sabes que cuando una oveja está enferma la aíslo hasta que sane? ¿Sabes que cuando llega una nueva oveja la mantengo en cuarentena hasta verificar que está sana? Solo cuando me cercioro de su buen estado de salud es que la incorporo al redil. El pastor aísla a la oveja enferma hasta que se cura, pues el riesgo de contagio es alto en la cercana convivencia del aprisco.

---

[6] Isaías 58:11 NTV

Yasser escuchaba casi sin pestañear. Aquello era un curso acelerado de pastoreo, y la mayoría de las moralejas aplicaban también a la vida de cualquier ser humano.

—Creo que por hoy es suficiente —opinó Obed—, déjame que evalúe qué rebaño debo asignarte. Ven mañana temprano y podrás comenzar… Por cierto, te he visto varias veces por el palacete y sospecho que estás acostumbrado a cierto nivel de vida —lo miró de arriba abajo—; veo que vistes muy bien. Ropa de alta calidad, lino fino, algodón de Egipto y seda de Oriente. ¿Sabes que ya no podrás usar esas prendas? Aquí no tendrás acceso a telas finas ni a tintes caros con los que acentuar tu vestimenta. No podrás acceder al azul, el escarlata o el púrpura. También tus sandalias serán distintas, difícilmente tendrás unas de buen cuero y mucho menos con suelas de madera…

—Lo sé y no me importa. Si hubiera querido eso, habría seguido allí —señaló Yasser a la señorial casa que se recortaba en la distancia—, si estoy aquí es porque me importa más lo que late dentro de mi cuerpo que la ropa con la que pueda cubrirlo.

—¡Magnífico, chico, magnífico…!

Yasser se había dado vuelta para marcharse, pero en un impulso lo hizo detenerse y girándose preguntó:

—¿Cuántos años tiene?

—¿Yo? —inquirió Obed con cierta sorpresa—. ¿Quieres saber mi edad?

—Su hija —aclaró el joven bastante turbado y sorprendido de su propio atrevimiento—, ¿qué edad tiene?

—¡Ah…! Te refieres a Esther —dijo sonriendo mordaz el capataz—, tiene quince años… y ¿tú?

—Solo uno más que ella.

Ahora sí, se dio vuelta y echó a andar con el corazón latiendo más rápido de lo normal.

Aquella noche Yasser no consiguió dormir. ¡Por fin iba a ser pastor! La expectación cosquilleaba en su abdomen como si un millón de mariposas revoloteasen allí adentro. Entre las cabezas de ganado y la lana encrespada, de cuando en cuando aparecían dos zafiros negros que le sonreían y una cabellera lisa, larga y muy negra, ondeando al viento.

Desde entonces cada tarde, después de dejar a las ovejas seguras en el redil, Yasser se acercaba a la casa de Obed. Lo hacía a diario con cualquier excusa.

Rápido comprobó que la chica no le miraba bien.

La antipatía que le manifestaba Esther sólo era comparable a la que, por supuesto fingida, le manifestaba él a ella. Más tarde, llegó a la conclusión de que ella aparentaba también porque le avergonzaba, lo mismo que al joven, admitir lo contrario.

# COMENZANDO EN LO POCO

El sol no había despuntado cuando Yasser saltó de su lecho y se lavó el rostro para despejarse.

No había nadie en la entrada de los corrales cuando llegó. Tomó asiento en un poyo de piedra que circundaba la casa y extrajo de su zurrón el pequeño papiro que Elihu le regaló. Lo desplegó con sumo cuidado. La escasa luz del amanecer no consumado y la tinta borrosa no le hicieron fácil la lectura, pese a ello, forzó la vista para declamar en alta voz el salmo:

—Elohim es mi pastor, nada me faltará…

La voz de Obed, recitando la continuación del texto, lo sorprendió:

—Aderezas mesa delante de mí…

Alzando la vista vio a Obed que se aproximaba caminando pausadamente.

—Veo que has madrugado más que ayer —saludó el capataz— y observo que aprecias la buena lectura.

Yasser solo sonrió y Obed lo miró con gesto complacido.

—Te aseguro que esa oración de David me ha proporcionado consuelo en los momentos más duros de la vida —intentó sonreír Obed sin lograrlo—, por eso exijo a mis pastores que memoricen ese texto de David…

—¿Por qué lo hace? —inquirió el joven aprendiz.

—¿Perdón?

—¿Por qué les obliga a aprenderlo de memoria?

—Les obligo a aprenderlo porque sé que la labor del pastor es ardua, solitaria y muy dura en ocasiones —hablaba con la seguridad de quien no se apoya solo en la ciencia sino en la propia experiencia—, esa oración de David les recuerda que el pastor también es pastoreado…, que el Príncipe de los pastores cuida de los suyos.

Yasser hizo un gesto de asentimiento mientras guardaba el papiro en su zurrón y se incorporaba de su asiento.

—Me has dado una enorme alegría con tu decisión de entrar a esta labor —Obed apoyó sus palabras con movimientos de cabeza—. Debes comenzar cuanto antes. Acompáñame, aquí tengo separado tu rebaño; por ahora tendrás bajo tu cuidado a diez ovejas...

—¿Cómo? —Yasser se detuvo en seco y abrió la boca, perplejo.

—¿Qué ocurre? —inquirió Obed ante la reacción del chico.

—¿Solo diez? —había disgusto en la voz de Yasser—. ¿Solo voy a pastorear diez ovejas?

Rio Obed ante un reproche tan espontáneo y fijando sus ojos en el gesto de decepción del nuevo pastor, aclaró:

—Eres joven, Yasser, no tengas prisa. Ya intenté explicarte que el oficio de pastor tiene mucho más que ver con el corazón que con los números. Sé fiel con estas pocas ovejas y en su momento te pondré sobre muchas. A menudo los atajos no nos hacen llegar antes, solo nos hacen llegar peor. Ten calma y paciencia, estás comenzando y es mejor que te equivoques con pocas cabezas de ganado a que yerres con muchas.

Tal alusión a su juventud, inexperiencia y a los posibles errores, ofendió a Yasser, pero disimuló su ego herido. Estaba seguro de sí mismo y tenía la convicción de ser todo un experto, "Enseguida saldrá de su error y verá que merezco un rebaño mayor", pensó.

Sería él mismo quien pronto comprendería cuán equivocado estaba al sentirse tan suficiente. Tenía mucho entusiasmo y este es bueno para acometer un proyecto, pero no es combustible suficiente para llevarlo hasta el final. La emoción sin experiencia es un atajo a la caída. Eso no lo sabía aún, por eso insistió en su disconformidad:

—Disculpe, Obed, pero diez ovejas es algo muy pequeño...

—¿Llamas "pequeño" ser responsable de vidas? —había severidad en la pregunta. Por primera vez Yasser vio el rostro de Obed ausente de sonrisa—. Aun cuando solo fuera una, ya sería algo muy grande; pues está en tus manos su seguridad y su destino —señaló a los animales que rumiaban apaciblemente dentro del corral—. No llames pequeño a lo que marca diferencia entre la vida y la muerte. Graba esto en tu mente, chico: La grandeza no radica en números, sino en excelencia... en la excelencia con la que administres el futuro de estos seres. *"Quien es fiel en las cosas pequeñas, será fiel en las grandes; pero quien es deshonesto en las cosas pequeñas, no actuará con honradez en las responsabilidades más grandes"*.[7]

La vehemencia que desbordaba el discurso de Obed logró el efecto deseado. Yasser fue consciente de la exhibición de arrogancia que había protagonizado y se disculpó:

—Creo que tiene razón, Obed, y mi deseo es ser fiel a lo que se me encomiende. Lo intentaré con todas mis fuerzas.

—Recuerda, hijo, que este tema de la fidelidad no se muestra solo en el oficio del pastor, también en su vida privada. Es frecuente que las personas digan: "Lo que hago en mi vida privada no es asunto de nadie". Eso no es realmente cierto. Lo que haces en tu vida privada, a puerta cerrada o fuera de la vista de otras personas, constituye y muestra tu verdadero carácter, y ese carácter condicionará luego cada aspecto de tu vida. —Yasser seguía conmovido por la evidente autoridad de aquel hombre, definitivamente el escobón que solía sostener en su mano no conjugaba bien con las palabras que salían de su boca. Siguió hablando el capataz—. De hecho, las pequeñas cosas que hacemos en la intimidad

---

[7] Lucas 16:10 (NTV)

son las semillas de la bendición que luego mostramos en público. No podemos dividir la vida y decir: "Tengo integridad en mi vida pública pero no en mi vida privada". Cualquier líder de rebaño que no sea fiel en asuntos pequeños, no lo será tampoco en los grandes asuntos.

—¿Cuánto tiempo estaré con diez ovejas? —inquirió Yasser ahora en un tono mucho más humilde—. ¿Cuándo crecerá mi rebaño?

—¿De nuevo la prisa? —Obed optó por reír en lugar de recriminar, pero enseguida dijo—: El aprendizaje no es una carrera de velocidad, sino de fondo. No se requiere prisa sino constancia. La urgencia y la precipitación serán tus voraces enemigos. Recuerda esto: Lo que dura formándose perdura funcionando.

Ante el silencio del joven, Obed decidió comenzar a marcar las pautas que regirían durante las próximas semanas.

—Te asignaré diez cabezas de ganado y durante una semana las sacarás para que pasten y sean abrevadas. Con diez ovejas no necesitarás ir acompañado de un perro. Más adelante, cuando te ocupes de un rebaño numeroso, te asignaremos tres perros avezados en el oficio.

—¿Tres?

—Así es. Cada pastor suele acompañarse de tres perros, cada uno de ellos con un temperamento diferente. Uno muy suave, otro más expresivo y uno más, el cual suele ser de carácter fuerte.

—Veo que tengo mucho que aprender…

—Así es, no lo dudes, pero eres joven y dispones de todo el tiempo necesario para formarte. Como te digo, debes sacar a las ovejas muy temprano y las conducirás a ese monte —dijo señalando a una pronunciada elevación que se alzaba a las afueras de la aldea—. Pasarás el día con ellas y cuando empiece a caer la tarde regresarás al redil. Así harás por siete días. Este periodo será el principio de una nueva etapa en tu vida.

—¿Un monte? —interrogó el joven—. ¿Por qué llevarlas al monte? Entiéndame, no me molesta hacerlo, pero ¿no es más peligroso para ellas que si las conduzco a una llanura?

—El monte es menos visitado en esta fría época del año —explicó Obed—, por lo que el pasto es abundante. También hay más lluvia en la cima, por lo que la hierba es más fácil de digerir para los animales. De hecho, cuando una de tus ovejas esté preñada, buscarás las montañas más altas y menos visitadas, allí crece la mejor hierba la cual es idónea para la oveja que está próxima a parir. La altura siempre garantiza bendición —hizo un instante de silencio antes de repetirlo—. La altura siempre garantiza bendición. Cuanto más cerca del cielo pastorees, más bendición llevarás al rebaño.

Aquellas reflexiones dejaron muy pensativo a Yasser: "Cuanto más cerca del cielo pastorees, más bendición llevarás al rebaño". Se repitió a sí mismo y de inmediato supo que consejos como esos no eran aplicables solo al pastoreo.

# PRIMERA JORNADA

—¿Cuándo debo salir con el ganado? —interrogó el muchacho—. Me dijo que las sacase temprano, pero ¿a qué hora exactamente?

—Cuando el Lucero del Alba toque tu cayado —fue la misteriosa respuesta de Obed nada esclarecedora para el jovencito. El gesto de perplejidad en el rostro de Yasser provocó la risa del capataz.

—Ven mañana a la misma hora que hoy y te mostraré a qué me refiero —agregó—. Por ahora ve probándote estas prendas.

Obed le pasó un fardo que contenía varias cosas.

—Es tu equipo de trabajo —dijo aproximándose para ayudarle a extraer los elementos mientras le explicaba la función de cada uno—, el zurrón es esta bolsa de cuero en la que llevarás tus alimentos. Lo habitual sería pan, aceitunas, frutas secas, queso u otros alimentos que resistan el rigor del clima sin descomponerse —lo puso a un lado y continuó—: este palo de un metro de largo, es un garrote. ¿Ves que lleva incrustados fragmentos de pizarra en la punta? Lo usarás para defenderte. Aquí tienes también un cuchillo que te servirá para cortar tus alimentos o las ramas de un zarzal donde pudiera quedar atrapado alguno de los animales.

Sujetó luego en su mano derecha un largo bastón. —Esto es el cayado; notarás el alivio que te brinda apoyarte en él durante las largas caminatas. La parte curva de este extremo te ayudará a ascender y trepar, incluso árboles, pero también será una extensión de tu mano cuando debas sacar a un corderillo de un barranco. Atento al rescatar a un cordero, la parte curva debes pasarla por su pecho detrás de sus patas delanteras. No sujetes nunca a una oveja por el cuello con este gancho o la ahogarás —colocó todo lo anterior a un lado y sostuvo ahora en su mano algo parecido a un curtido pellejo de oveja y continuó—. Este odre te servirá para llevar agua y conservarla fresca; puedes estar seguro de que será muy necesaria en las horas centrales del día. Este otro recipiente plegable de piel, lo utilizarás para sacar agua de pozos profundos.

—¿Esto es una honda? —el joven había tomado un utensilio de la bolsa.

—Así es —asintió Obed—. El pastor debe ser experto en su uso. ¿Oíste la proeza heroica de David venciendo a Goliat con solo una de esas?

—¡Por supuesto! —replicó el chico—. ¿Quién no conoce esa hazaña? David fue un verdadero héroe.

—David era pastor y por eso, experto en el uso de la honda —reflexionó un instante—. Por cierto, hay algo que estará muy bien traído a cuento aquí —se aproximó un poco más a Yasser para decirle—: Vencer a Goliat convirtió a David en héroe, pero perdonar a Saul expuso los verdaderos frutos de su corazón. Frutos, por cierto, tan valiosos o más que la hazaña de matar al gigante.

—Un tema importante ese —reconoció Yasser—, pero dígame, ¿por qué llevaba David esa honda? ¿Para qué la utiliza el pastor?

—Suele usarse para espantar depredadores —explicó Obed—, aunque también como arma defensiva. Pero sobre todo te será útil para disuadir a las ovejas de que se separen del rebaño. Cuando notes que alguna empieza a alejarse, lanzas una piedra cerca de ella; eso la persuade a regresar. Por último —dijo introduciendo su mano en el zurrón—, esta flauta de caña te servirá de compañía en las largas horas de vigilancia y soledad. También será efectiva para tranquilizar con su sonido a los animales.

—No sé hacer música —reconoció Yasser—. Nunca, en toda mi vida, he tocado un instrumento.

—Aprenderás, puedes estar seguro. Y no solo a tocarla, también a repararla pues estas flautas son muy frágiles. Es más, llegarás a fabricarlas tú mismo.

—¿Repararla? —inquirió Yasser—. ¿Fabricarla?

—Leíste los pergaminos del señor Elihu. Tal vez recuerdes uno que dice: "No quebrará la caña cascada".

—Sí, lo recuerdo… Espere —cerró sus ojos para ayudarse a recordar—. ¡Isaías! ¡Eso está en Isaías![8]

—¡Buena memoria, hijo! Dios te ha obsequiado el don de la buena memoria.

—¿Tiene algo que ver lo que dijo Isaías?, me refiero a lo de la caña cascada. —¿Tiene algo que ver con esta flauta? —quiso saber el joven.

Obed asintió con la cabeza y enseguida explicó:

—La caña se utiliza para construir flautas con las que el pastor entretiene sus jornadas, compone y aquieta a las ovejas. Ocurre que a veces una de esas cañas se quiebra; el pastor no desecha la caña cascada, sino que la restaura. Para ello humedece la caña con su saliva y luego, con su uña, aplica un masaje en la parte quebrada. Con la humedad de la saliva y el toque de la mano del pastor, se restaña la parte rota. A partir de ese momento, la flauta emitirá un sonido diferente… Cualquiera que lo escuche detectará que la nota surge de una caña que se quebró y fue restaurada por el pastor.

Tras la detallada explicación Obed guardó un silencio reflexivo.

—¿Por qué lo une al pabilo? —inquirió Yasser—. Recuerdo que Isaias añade: "No apagará el pabilo que humeare".[9]

---

[8] Isaías 42:3

[9] Mateo 12:20

—Espera, te responderé enseguida, pero antes déjame que añada —el capataz tendió la mano hacia Yasser en gesto de silencio—. Estaba pensando que en la caña cascada podemos ver un ejemplo muy gráfico de lo que ocurre con nosotros —fijó la vista en un punto indefinido del horizonte mientras explicaba—. Somos tan frágiles como esas cañas y en el fragor de la vida nos quebramos, pero el Pastor interviene y aplica su mano sobre nosotros, restaurando y sanando. A partir de ese momento seguiremos regalando música al mundo, aunque esa melodía llevará el sello inconfundible de la herida sanada. Nuestras cicatrices confieren peso a la música que emitimos. Un sonido, profundidad y veteranía que no tienen las canciones que brotan de corazones sin marcas de guerra.

—Es muy sabio e importante lo que acaba de decir —comentó Yasser.

—Ahora sí, te hablaré del pabilo. El "pabilo que humea", es una mecha que en un tiempo estuvo encendida pero ahora solo suelta humo. Lamentablemente, somos especialistas en desechar a quienes un día ardieron proporcionando luz y calor, porque hoy, por circunstancias, perdieron el fuego y solo humo desprenden. Los desechamos y buscamos sustituirlos. Dios, el Príncipe de los pastores, no es así. Él no echa al olvido nuestras obras de ayer. Él mima al pastor herido y sana al soldado que se quebró en combate. Dios es especialista en restaurar las mechas humeantes para que sigan dando luz y vida.

—¡Ufff! —Yasser frotó sus ojos secando una lágrima que pugnaba por salir—. Me emociona mucho lo que dice.

Sintió un deseo irrefrenable de decirle a Obed que lo que él emitía al hablar era una música especial. Melodías llenas de sentido, profundidad y autoridad… Quiso preguntarle en qué batalla se quebró y qué hizo el Príncipe de los pastores para restaurarle, pero se inhibió de someter al capataz a ese interrogatorio.

# EL ATUENDO DEL PASTOR

Pasemos ahora a las ropas que usarás —dijo Obed, mirando en rededor—. ¡Vaya! Olvidé la bolsa... Yasser, ve a mi casa, por favor. Es esa puerta, la segunda, pintada de azul. Allí encontrarás a Esther. Ella misma estuvo preparando tu ropa, dile que te la dé.

—¿Yo? ¿Su casa? —Yasser tartamudeó. Escuchar el nombre de Esther tuvo un efecto fulminante en él. Sintió que toda la sangre huía de sus extremidades y se agolpaba en sus mejillas.

—¡Venga, hijo! —apremió Obed al ver que el chico no se movía—. Ve rápido, aún quedan muchas cosas que debo explicarte.

Fue Esther quien abrió la puerta al segundo toque de nudillos sobre la madera.

—¡Hola! —saludó ella alegremente con toda naturalidad. La hostilidad que Yasser había notado en la joven cuando en sus paseos frente a la casa lo descubrió husmeando, había desaparecido.

—Hola —fue todo lo que Yasser acertó a decir con los ojos fijos en sus pupilas sin recordar a qué había ido allí.

Debieron pasar cinco segundos de silencio, antes que ella preguntara:

—¿Te ha gustado la ropa que te hice?

—¿Cómo?

—Los vestidos que usarás en tu trabajo, los hice yo —le dijo riendo ante el gesto alelado del chico—. ¿Te los has probado?

—¡Ah! —aterrizó de pronto el muchacho—. Venía justo a eso, el capataz olvidó llevarlos, me mandó por ellos.

—Papi tan despistado como siempre —su risa sonó como una cascada de cristal—. Espera, debe estar entonces por aquí.

De inmediato le entregó un morral de tela.

—Espero que te gusten y que sean de tu medida. Los hice con mucho cariño.

La sonrisa con la que cerró la frase hizo que Yasser casi se desmayara.

Sintiendo que levitaba llegó junto al capataz, quien enseguida tomó el saco y comenzó a extraer prendas.

—Bien, chico, hoy conocerás los detalles del atuendo del pastor. Se trata de un equipamiento bien sencillo —Obed le tendió un par de piezas—. Esta capa es de vellón de oveja, lo mismo que este chaleco.

—¿De su misma piel? —repuso Yasser observando el chaleco que Obed le ofrecía.

—Se hace del propio pelo de los animales —afirmó el hombre.

—Pareceré una de ellas…

—Ese es el objetivo, semejarte a ellas. De ese modo las ovejas se identifican contigo, pues tu tacto y olor es como el suyo. Necesitan un pastor con el que sentirse plenamente identificadas, y la única manera de conseguirlo es que quien las cuida lleve su piel y almizcle. Eso estimula una conexión más allá de la atención que reciben, es emocional.

—¿Y entonces, confiarán en el pastor?

—Lo harán —aseguró Obed—. Desarrollarán una confianza plena, porque necesitan desesperadamente de un pastor —hizo un silencio calculado antes de rematar—. El pastor es su única defensa… ¡No tienen otra! —había sacado una prenda larga de color beige—. Pruébate también esta túnica, es de lino rústico, pero muy fresca. La vestirás bajo el chaleco y la capa. Por último, estas chanclas de cuero —extrajo el calzado y lo mostró—, evitarán que te hieras los pies con piedras y espinos. Esta tela para tu cabeza te protegerá del sol. No dejes de usarla, cúbrete bien la cabeza, pues en esta época del año es fácil perecer de un golpe de calor —cerró el morral y lo echó a un lado—. Es todo tu vestuario.

—¿Su única defensa? —inquirió Yasser—. ¿De verdad su única defensa?

—¿A qué te refieres?

—Antes dijo que el pastor es la única defensa de la oveja. ¿Es que no tiene más protección? —por el tono de su pregunta se entendía que al chico le parecía una exageración.

—El león tiene sus garras, el toro cuernos, el caballo sus poderosas patas, el perro tiene dientes y el gato uñas, la serpiente cuenta con su veneno, incluso la abeja dispone de aguijón. Pero la oveja… dime, ¿qué defensa tiene la oveja?

El silencio de Yasser fue elocuente.

—Solo tiene a su pastor —concretó Obed—. Una oveja sin pastor tiene una esperanza de vida mínima. ¿Sabes lo que hace una oveja cuando un depredador la ataca? —no esperó respuesta—. Conociendo que la mayoría de los depredadores no devoran cadáveres sino que prefieren matar ellos a su presa, la oveja se tumba haciéndose la muerta. No intenta huir, porque sabe que es torpe para correr y no será capaz de huir. Es el animal más vulnerable que existe, no solo a causa de los depredadores, también por su tremenda facilidad para contraer infecciones. La oveja tiene un sistema inmune tan frágil, que puede contraer tantas enfermedades como días tiene el año.

La intensa atención de Yasser era claro síntoma de su interés por aprender.

—Entiendo lo que quiere decirme y me parece muy interesante —dijo probándose las curiosas prendas de vestir—. ¡Son justo a mi medida…! —exclamó.

—Esther tiene buen ojo —repuso Obed—. Yo digo que tiene una cinta métrica en la mirada. De un solo vistazo es capaz de percibir las medidas exactas de una persona. Ella cose la ropa de todos nuestros pastores.

—¡Solo me vio unos segundos! —expresó Yasser asombrado.

—Estuvo unos segundos frente a ti —matizó el capataz—. Eso no quiere decir que no te haya visto en otro momento.

El simple hecho de imaginarse contemplado por Esther hizo que un escalofrío le recorriera la espalda. Algo parecido al vértigo se instaló en su costado.

—Te veo cansado o abstraído o qué se yo… ¡Raro, te ves raro! —dijo Obed, mirándolo con cierta preocupación—. Procura acostarte temprano, recuerda que mañana tendrás que madrugar.

—¿Siempre hay que comenzar tan temprano?

—Un día cualquiera en la vida de un pastor comienza antes de que el sol asome. Es el precio de este oficio —aseveró Obed—. Aquel que protege debe velar mientras el protegido duerme. La diferencia entre una persona ordinaria y una extraordinaria está en el extra… Extra de esfuerzo, extra de entrega, extra de sacrificio.

# PASTOREANDO AL AMANECER

Diez minutos antes de lo pactado, Yasser llegaba a la entrada de los corrales. Se sintió decepcionado al ver que el capataz ya se encontraba allí. Había alentado la posibilidad de disponer de unos minutos a solas para pasearse entre los corrales y atisbar a las inmediaciones de la casa de Obed. Tenía la secreta esperanza de poder ver a Esther, el capataz ya había llegado y lo recibió con una sonrisa de aprobación.

—¡Eres muy puntual! —elogió—. Creo que serás buen pastor. Ayer me preguntaste la hora exacta en que el debes sacar tu rebaño…

—Y usted respondió que "cuando el Lucero del Alba toque el cayado" —recordó el joven.

—Pásame el tuyo, por favor. —Obed tomó la vara de dos metros que Yasser le tendía, la cual estaba curvada en uno de los extremos. La apoyó en el suelo con el brazo extendido, con la parte curva apuntando al cielo—. ¿Ves la estrella que refulge por allá?

—¿Es el Lucero del Alba? —supuso.

—Correcto. También le llaman "Estrella de la mañana", porque es la última en desaparecer cuando amanece. Debes buscar esa estrella presentando el cayado entre tu ojo y el astro. Cuando el Lucero del alba parezca reposar sobre la vara, es el momento de sacar a las ovejas —y para que no cupiera duda alguna, el pastor repitió—: si la Estrella de la mañana parece tocar el cayado, deben partir. Es necesario encontrar la hierba mojada del rocío de la noche; eso la hace más fácil de digerir. No hay mejor alimento para ellas que el pasto que produce la tierra, impregnado del rocío del cielo.[10]

---

[10] Esta sabiduría me la compartió mi suegra, quien pastoreó junto a su esposo por muchos años en los campos de La Mancha: "Es necesario encontrar la hierba fresca

Obed detectó que sus palabras habían dejado reflexivo al joven pastor, e intuyendo sus pensamientos, le dijo:

—Tienes razón, también en otras áreas de la vida podemos aplicar este principio: si quieres vivir con efectividad, busca a Dios en la intimidad. Cuando cielo y tierra se conjugan, todo es mejor. El talento terrenal empapado del rocío celestial... De eso se trata.

Cuando Yasser salió al campo con su pequeño rebaño, el campo aún estaba arropado por las sombras y el mundo le pareció un lugar más oscuro y siniestro de lo que se le había antojado nunca. Acostumbrado a amanecer entre los brillos del palacio donde creció, la oscuridad que lo envolvía le resultó estremecedora.

Yasser iba abriendo camino pues los pastores orientales, a diferencia de los de occidente, van delante del rebaño. Solo cuando hay ovejas preñadas que requieren un paso más lento, o bien ovejas acabadas de parir que caminan despacio, es cuando el pastor va detrás adecuando el ritmo del rebaño al miembro más débil. "Eligió a David su siervo, lo sacó de los apriscos, de detrás de las paridas lo trajo, para que apacentase a Jacob su pueblo".[11]

Todavía no asomaba el sol en el horizonte cuando llegaron al pie de la montaña que debían trepar.

Al observar el estrecho y sinuoso sendero que ascendía perdiéndose en las sombras, discurriendo entre grandes rocas y gruesos árboles, Yasser supo que esos elementos suponían refugios idóneos para cualquier bandolero o asaltante. Recordó las advertencias que tanto Elihu como su padre le

---

que aún conserva el rocío de la noche". Y con gran sensibilidad espiritual agregó: "Es lo mismo en el pastoreo de almas. No toques a las ovejas hasta que la Estrella de la Mañana haya tocado tu cayado de pastor". "Yo soy el Lucero resplandeciente de la mañana", Apocalipsis 22:16. Él debe tocar nuestra vida antes de que nosotros toquemos la de los corderos.

[11] Salmo 78:70—71

habían hecho intentando disuadirlo de su deseo de ser pastor: *"Es peligroso el oficio de pastor, hay fieras agazapadas y también ladrones. Los pastores sufren ataques, robos y asaltos"*.

Se sintió temblar y pensó en lo seguro que se sentiría si al menos llevase un perro. Con razón los pastores llevaban tres, no era solo para pastorear. Apretó su mano en torno del cayado e inició el ascenso.

# ENFRENTANDO EL DESPRECIO

Apenas llevaba dos días cumpliendo sus funciones cuando le tocó enfrentar a Yasser la burla y el menosprecio.

El brusco coro de voces le abofeteó la cara como si le hubieran golpeado con una toalla mojada. Ese día, Yasser llegó al redil con la moral por los suelos y unos deseos irreprimibles de llorar.

¿Qué había ocurrido?

Viniendo del monte con su diminuto rebaño, un grupo de intelectuales camino a la sinagoga lo había increpado:

—¡Eres un paria! —le gritaron—. ¡Cuidando de un puñado de ovejas en vez de formarte para mayores aspiraciones…!

—Si al menos fueras un próspero ganadero con cientos de animales, lo entenderíamos… —profirió otro con claro aspecto de estudioso—. Pero no eres más que un miserable cuidador de diez rumiantes que ni siquiera son tuyos. ¡No tienes ambiciones, nunca serás nada en la vida…!

Aquel grupo de cultivados egocéntricos ignoraba que Yasser había desechado un palacio para estar en el redil. Desconocían que el joven tuvo al alcance de su mano un futuro próspero y decenas de sirvientes y que lo rechazó para ser él quien sirviera. Pero en aquel momento, toda la certidumbre de Yasser se convirtió en duda y los pilares de su vocación se tambalearon bajo el menosprecio.

Pensó en Esther… ¿Y si lo que ella buscaba era alguien con prestigio y reconocimiento? ¿Y si Esther prefiriera que su compañero de vida fuera alguien con más abolengo que un pastor?

Cuando Obed lo vio aproximarse con las ovejas, aún de lejos percibió el cansancio que pesaba sobre los hombros del muchacho, y al tenerlo ya cerca, pudo leer en sus ojos el agotamiento que el joven traía en el alma. En cuanto encerraron a los animales lo invitó a pasar a su casa, un humilde hogar de una sola habitación donde había lo esencial, incluido un fuego que calentaba el ambiente y servía también de hogar para cocinar. Obed ofreció al joven un vaso de leche fresca y un pedazo de queso que había calentado a la lumbre. Yasser agradeció al cielo que Esther no estuviera por allí. No quería que lo viera en ese triste estado.

—Cuéntame —Obed palmeó amigablemente su hombro—. Hoy no fue un buen día, ¿verdad?

—Me sentí humillado —gimió el joven. Y enseguida relató, con lujo de detalles lo acontecido. Concluyó con un escueto—: Se rieron de mí y me menospreciaron —con la cabeza gacha admitió—: quizá me equivoqué al no hacer caso a mi señor Elihu; a lo mejor debí aceptar su oferta… Él quería que estuviera en su mansión, aprendiendo detalles de sus negocios y formándome para administrar su emporio… Nadie me menospreciaría entonces…

—¿Por qué preferiste el redil?

—¿Cómo? —Yasser no supo si interpretar aquello como una pregunta o un reproche.

—¿Qué te hizo venir con las ovejas? —aclaró el capataz—. ¿Cuál fue el motivo que te trajo aquí?

—El amor —no dudó ni un segundo.

—No hay motivación más alta que esa —aplaudió Obed—, y ese amor te hará remontar esta crisis. Claro que hay vocaciones más rentables y posiciones más cómodas, pero nada iguala a la plenitud que experimentamos al hacer aquello que el amor nos empuja a hacer. No serás feliz sino cuando estés ejerciendo en eso que acelera tu corazón, aunque sea el trabajo más humilde y peor remunerado. El arte no se mide por lo que te pagan por hacerlo, sino por lo que sientes al desempeñarlo.

—Me sentí tan humillado… —insistió Yasser que había alzado la cabeza pero sin abandonar su actitud de victimismo.

—Si quieres dedicarte a pastorear, tendrás que acostumbrarte a que te ignoren, insulten, desprecien y casi siempre te muestren indiferencia. Es una de las ventajas que tiene esta vocación.

Le miró sorprendido:

—¿Ventaja? —Yasser frunció el ceño—. ¿Ha dicho que esa es la ventaja? —había disconformidad y casi indignación en sus palabras—. Entonces ¿cuál es la desventaja?

—Sí —insistió Obed—, es la ventaja, porque ese desprecio e indiferencia te empujarán a los brazos de tu Pastor —Obed señaló a las alturas—. El triunfo y la aceptación pueden convertirse en desventaja, pues tienden a hacer que los pastores olviden la necesidad que también ellos tienen de ser pastoreados. El éxito adormece, el fracaso enseña.

—¿Por qué se ensañaron conmigo de ese modo? —persistió en su actitud victimista—. No hago otra cosa que trabajar…

—¿Esperas que te reconozcan en un mundo donde el más sublime pastor lleva siglos siendo ignorado y vituperado? No seas iluso…

El silencio del aprendiz era un claro indicio de que Yasser reflexionaba, y Obed decidió añadir más elementos sobre los que pudiese meditar:

—También en ocasiones me he sentido como tú, disminuido en mi autoestima por la actitud insensible de quienes me rodean, pero he mitigado esa punzada pensando en que nuestro predecesor, David, pasó del rebaño al trono. ¡Qué paradoja! De la posición más baja fue catapultado al lugar más alto. Hasta su padre, Isaí, utilizó un título bastante denigrante para referirse a él ante el profeta Samuel. ¿Leíste ese pasaje?: "Queda el menor, que apacienta las ovejas"[12], eso

---

[12] 1 Samuel 16:11

dijo Isaí refiriéndose a David. Me he preguntado varias veces ¿por qué utilizó el término *haqqatan* para referirse al pequeño? Nuestro idioma le ofrece varias alternativas más honrosas. ¿Por qué utilizaría la que significa "canalla y redrojo de la familia"? Lo cierto es que Dios lo miró de otra manera, pues el *haqqatan* fue promocionado a la posición de rey.

—Desde luego que mirándolo así uno se siente motivado —reconoció Yasser.

—Pero lo que definitivamente termina con todos mis recelos, cuando me siento herido, es pensar en Dios. Nunca he logrado entenderlo, y lo he intentado de mil maneras, que Elohim asumiera el papel de pastor. ¡Eso es increíble! ¿El innombrable asumiendo un título tan denigrado? ¿Aquel cuyo nombre es tan sagrado que no puede pronunciarse, adoptando el título de "pastor"?

Yasser asentía, incapaz de añadir una sola palabra a tan emotivo discurso.

—Solo hay una respuesta y se deletrea A.M.O.R. —miró directo al joven—. Hijo, fue ese amor lo que te trajo a los rediles. Servir con amor es un camino abierto a la felicidad y tú lo has tomado, por eso ella será tu destino. Pero cuidado, porque tu felicidad será combustible que inflame el corazón de los envidiosos. Quien es capaz de aplaudir victorias ajenas es verdaderamente superior. La envidia es la religión de los mediocres y estos se resienten con el éxito de los demás. Tú ocúpate de cuidar tu corazón y no te dejes distraer por lo que otros hagan o digan. Vigila lo que tú ingieres y deja que cada uno haga su propia digestión. Cuídate tanto del éxito como del fracaso, son dos impostores a los que debemos tratar con el mismo desprecio.

Entonces la puerta se abrió y entró la hija de Obed seguida por una dama de aspecto mayor, aunque no mucho más. Yasser, como impulsado por un resorte, se alzó para saludarlas.

—Conoces a mi hija Esther —dijo Obed—. Esta es mi esposa, Séfora. Ella es mucho más de la mitad de lo que soy y tengo. Dios me ha bendecido con una mujer que es toda virtud.

—Eres un exagerado —se sonrojó Séfora—. Hola Yasser, mi esposo me ha hablado bondades de ti.

—Tiene usted razón al decir que es exagerado —repuso turbado el joven.

Esther rio ante la ocurrencia del chico, y repuso:

—¡Me alegra tanto de que estés colaborando con los corrales! Mi esposo llevaba tiempo rogando al cielo para que enviase a alguien que quisiera pastorear.

—Es un honor para mí —dijo tímidamente sin poder evitar el rubor—. La verdad es que soy feliz haciéndolo de modo que soy yo el agradecido.

—Esther, hija, ¿nos servirías una infusión de esas tan deliciosas que preparas?

La joven respondió sonriente a la petición de su padre y con una respetuosa inclinación, salió de inmediato de la sala.

—¿Por dónde íbamos? —Obed rascó su cabeza intentando recordar.

—Hablábamos sobre la necesidad de amar lo que hacemos, pero, dígame… ¿Cómo, siendo pastor, hay en usted tanta sabiduría? —inquirió por fin Yasser—. Quiero decir, los pastores no van a la sinagoga ni a la escuela… ¿Dónde aprendió todo eso?

—¿Has leído las Escrituras? —preguntó.

Dudó el joven un instante.

—Fragmentos aquí y allá, supongo… —murmuró.

—¡Supones! Como casi todo el mundo. Grave error. Todos deberían leer las Escrituras. Y releerlas. Yo las leo completas por lo menos una vez al año. En ellas está mi fuente de sabiduría. Mi sugerencia es que sigas empapándote de la cultura pastoril y, además, leas las Escrituras de principio a fin.

Contienen las más grande historias jamás contadas y sabiduría de sobra para nutrir la mente de cualquiera. Por cierto, no cometas el error de confundir la Palabra de Dios con la industria de la religión que vive de ella. Por otra parte, leo sobre todo las Escrituras, pero no solo eso leo. Bebo de la sabiduría de los entendidos y me siento a la sombra de quienes tienen conocimiento... Lo hago a través de sus textos. Leo todo y leo siempre.

—¿De ahí viene su sabiduría?

—Hijo, no me considero sabio —no había falsa modestia en sus palabras, se le percibía sincero—. De la lectura procede el conocimiento... La sabiduría es mucho más que información —reflexionó durante un rato—. Creo —dijo finalmente— que sabiduría es el conocimiento filtrado a través del tamiz de la experiencia.

Esther entró llevando una bandeja sobre la que una jarra de barro humeaba liberando un aroma maravilloso a menta y especias. Depositó dos vasos en la mesa y con sumo cuidado vertió en ellos el contenido de la jarra.

—Gracias, hija...

—La ropa que me hiciste me queda perfecta —en un arranque de espontaneidad Yasser se había dirigido a Esther—. Es mi medida exacta —se atragantó el joven en las últimas sílabas y tuvo un acceso de tos.

La chica sonrió y Yasser pudo apreciar el rubor que encendía sus mejillas. Le pareció simplemente perfecta. La belleza que emanaba de su rostro se veía incrementada por la prudencia y recato que mostraba y la pulcra educación con que se comportaba.

La mente del joven pastor entró en un vórtice de reflexiones. Reparó en que la primera vez que vió a Esther no sintió otra cosa que un gran placer. Fue en la segunda oportunidad que se preguntó: "¿Vienen a pasar frente a mí los ángeles?".

Después de eso, la miró una y cien veces a través de la ventana frente al redil. Era cierto que, al principio, cuando ella reparó en la atención del joven pastor, intentó fingir hostilidad y él hizo lo mismo, pero eso ya había pasado. Días atrás, Esther sacudía unas frazadas por la ventana, Yasser pasó por allí, le envió el alma con los ojos y ella, gustosa la recibió.

Para ambos, que jamás se habían visto en tales trances, cada sensación, mirada y palabra, eran disparos de artillería que derribaban sus ya débiles defensas.

—Mira —la voz de Obed quebró la placentera imagen en la que el joven estaba inmerso—, en este arcón guardo todos los fragmentos de las Escrituras que poseo —un arconcillo de madera, con un burdo cierre de metal, descansaba sobre un pequeño mueble rinconero—. Cada mañana lo abro, como quien acude al cofre del tesoro, y extraigo uno de los pergaminos. Siempre me edifican...

—Lo que no conjugo es qué tiene que ver el oficio de pastor con las Sagradas Escrituras —intervino el joven desviando la mirada para seguir a Esther que salía de la sala.

—Desde que el gran Dios se hizo llamar pastor, las Escrituras y este oficio quedaron íntimamente conectados —afirmó Obed quien, ahora sí, había reparado en el interés con el que Yasser observaba a su hija—. Por ejemplo, ellas, las Escrituras nos dejan ver que ese sublime Pastor de almas lleva siglos siendo despreciado por sus ovejas. ¿Entiendes? Sus propias ovejas, a las que cuida y apacienta, son las que con demasiada frecuencia lo ignoran. Él, no obstante, sigue amándolas y buscándolas. Ha enviado profetas intentando una y otra vez ese acercamiento... No me extrañaría que, si eso no funciona, Él mismo venga a buscarlas.

Toda aquella retahíla de perlas entretejidas con verbos y adjetivos, entusiasmaba a Yasser y lo hacía sentir más animado. No obstante, seguía desconcertado por la dureza del oficio. No lo veía ya tan romántico como lo percibió desde la seguridad de la mansión. Ahora pisaba el fango de los corrales y ese aterrizaje estaba resultando más duro de lo esperado.

—¿Qué piensas? —interrogó Obed al ver al joven tan meditabundo.

—Bueno… No sé qué decirle. Todo lo que me cuenta es asombroso y necesito meditarlo mucho. Sigo admirado por su sabiduría… Realmente le admiro…

—¿Y de Esther? —una sonrisa de picardía curvó los labios del capataz.

—¿Perdón? —Yasser perdió el color y se quedó congelado.

—De mi hija —insistió Obed—. ¿Qué piensas de mi hija?

El rostro de Yasser se transformó en una máscara de estupor. Toda la sangre se había concentrado en sus mejillas y sintió que su frente se perlaba de sudor. Se supo descubierto y hubiera deseado que el suelo se abriera bajo sus pies.

—Ja, ja, ja, ja —la carcajada de Obed atronó la estancia y posó un manto de serenidad sobre el agobiado Yasser. Al menos el capataz no se había enfadado—. Bebe tu tisana —dijo palmeando la espalda del joven—, se está quedando helada y a ella no le gustará saber que la dejaste enfriar.

El joven llevó a sus labios el vaso de la humeante bebida.

—Solo una cosa, hijo…

Quedó Yasser con la taza suspendida en el aire atento a las palabras de Obed.

—No te enamores de sus flores; enamórate de sus raíces…

—¿Perdón? —dejó el recipiente sobre la mesa para concentrarse en las palabras de su interlocutor.

—Sobre Esther… No te enamores de sus flores —repitió Obed—, enamórate de sus raíces para que cuando llegue el invierno tu amor permanezca intacto.

# CORAZÓN... SOBRE TODO CORAZÓN

Seguían sentados en torno a la mesa, rodeados de silencio. De tanto en tanto llegaba de lejos el balido de una oveja, pero enseguida volvía a imponerse la calma. La casa parecía un bote meciéndose en un océano de paz. La noche iba cayendo y también la temperatura. Esther entró ofreciéndoles una humeante taza de leche de oveja que aceptaron encantados. Yasser no osó levantar la cabeza ni dirigir la palabra a la joven. Cuando ella salió Obed sonrió con cierto embarazo. Algo le rondaba en la cabeza.

—¿Puedo hacerte una pregunta muy personal? —aventuró finalmente.

—¡Por supuesto! —aceptó el joven.

—Es fundamental que me respondas con sinceridad —dijo, y carraspeó—. ¿Crees que podrías ser padre?

Debió leer la perplejidad en el rostro de Yasser y se apresuró a añadir:

—No me refiero a padre biológico, que seguramente sí. Ni tiene nada que ver con el interés que he notado que tienes en Esther. Todo eso se verá en su momento. Por ahora voy más allá de la potencia viril para engendrar. Me refiero a otro tipo de padre. Un buen padre, ya sabes.

—¿Un buen padre?

—Sí —insistió Obed—. Como el tuyo. Un hombre con cabeza, corazón y alma. Un hombre que sea capaz de escuchar, guiar, aconsejar y respetar a una criatura, y de no infundir en ella sus propios defectos. Alguien a quien un hijo no quiera solo por ser su padre, sino que pueda admirar por la persona que es. Alguien a quien no solo se respete, sino al que también se ame.

—¿Por qué me pregunta eso? —dijo Yasser sorprendido.

—Porque si eres un buen padre serás un buen pastor. Ambos oficios están estrechamente conectados. Los líderes tienen seguidores y adeptos, pero los padres tienen hijos... Los líderes suelen llevar mal que sus seguidores destaquen más que ellos y les hagan sombra; los padres son felices cuando sus hijos vuelan más alto que ellos mismos. El líder suele decapitar a quien saque la cabeza, el padre nutrirá y alentará al hijo para que con su cabeza llegue hasta las nubes.

Yasser se cruzó de brazos, calibrando el asunto.

—¿Cómo puedo saber si seré un buen padre?

—Lo sabrás, no tengas duda, cuando estés por un tiempo frente a ellas y entre ellas lo sabrás.

Obed dejó caer una pausa dramática, dirigiendo al joven una mirada de intriga.

—¿Viste la capa que incluye tu uniforme?

—La vi, pero aún no la he usado. No hace tanto frío como para eso.

Obed se levantó y buscó la suya. Desplegándola ante el joven explicó:

—Mira este bolsillo que tiene en el interior —y para que quedara claro, introdujo una mano en el profundo espacio que había en el lado izquierdo de la prenda—. ¿Sabes qué función cumple?

—Supongo que para guardar cosas —encogió sus hombros ante algo tan obvio.

—Error —sonrió Obed—. No es para guardar cosas, sino para cobijar seres —se colocó la capa para explicarlo mejor—. Cuando la preñez explota en la montaña y una oveja pare en el campo, el pastor recoge a la cría y la introduce en este bolsillo hecho de lana. Como verás, una vez que el corderito está dentro, queda justo sobre el corazón del pastor. El recién nacido escuchará latir el corazón del pastor del mismo modo que hasta entonces era acunado por el de su madre mientras se hallaba en su útero. Me dijiste que has leído el manuscrito de Isaías que Elihu guarda en su biblioteca, tal vez recuerdes las palabras del profeta: "Como un pastor apacentará su rebaño, en su brazo recogerá los corderos y en su seno los llevará y pastoreará suavemente a las que amamantan".[13]

Yasser solo asentía en impresionado silencio, totalmente concentrado.

—¡Qué razón tuvo cuando dijo que las Escrituras están muy unidas al pastoreo!

—Es casi como un instructivo para el trato de las ovejas. Pero ¿te diste cuenta de lo que afirma Isaías? La lleva sobre su corazón —enfatizó Obed—, ¿entiendes? No como un profesional de la ganadería que al mirar el rebaño piensa en su bolsa de dinero, sino como una madre o un padre que observan a la criatura a través del filtro de su corazón. De ahí mi pregunta de si sabrás ser padre.

Asintió el joven mientras sugería:

—Entiendo que el pastor debe cuidar del cordero recién nacido, pero ¿y de la madre que acaba de parir?

—Una inteligente pregunta —expresó Obed complacido—. Tienes toda la razón, también hay que cuidar de ella. De hecho, los cuidados se redoblan desde el momento en que el pastor detecta que una oveja está preñada, proveyéndole alimento escogido y mucho cariño, pero especialmente cuando se acerca el momento del alumbramiento —miró a Yasser con una gran sonrisa para preguntarle—: ¿Sabes que el pastor huele cuando la oveja va a parir?

—¿Lo dice en serio?

—Totalmente, y no me pidas que te lo explique, pues desconozco los motivos científicos, si es que los hubiera. Solo puedo asegurarte de que es así. En esos días previos al parto,

---

[13] Isaías 40:11

el pastor sube a las colinas más altas, a los pastos vírgenes, los brotes recientes... Como ya te dije, un rebaño promedio tiene tres perros, pero ese día, el del parto, solo subirá uno, el más cariñoso y empático. No el agresivo y rotundo, sino el que emana actitud protectora. La oveja se siente mal... Tiene mal día; no necesita gritos sino caricias; no agresiones sino afecto; no ladridos sino susurros. Desde ese día y hasta que la oveja se recupere, todo el rebaño adecuará su paso a la más débil, a la recién parida.

—¡Es tan interesante! —Yasser musitaba en medio del asombro—. Siempre me atrajo el rebaño, pero descubrir todo esto, hace que me sienta aún más feliz de haberlo elegido.

—Corazón, hijo, el pastoreo es cuestión de corazón.

—¿Qué más puede enseñarme? —casi suplicó—. Quiero ser el mejor pastor...

—Es un poco presuntuoso tu deseo —advirtió Obed—, ser el mejor pastor...

—Créame, Obed, no es presunción sino pasión. No quiero ser mejor pastor que nadie, quiero ser el mejor pastor que yo pueda llegar a ser... No pretendo superar más que a mí mismo.

—Eso sí es sabio. No pierdas nunca ese enfoque: solo compites contigo mismo. No tienes que ser mejor que aquel, solo tienes que ser mejor que ayer —señaló a otros pastores que se movían entre los rebaños—. Me agrada mucho tu inquietud porque, el día que dejes de aprender, dejarás de crecer —se rascó Obed la sien derecha como siempre que reflexionaba—. Hay otra cosa que es bueno que conozcas: el pastor conduce al rebaño a los mejores pastos y sabe dónde están, porque él estuvo antes. Un pastor no llevará a su rebaño a un lugar que no ha visitado previamente —meditó un instante acariciando su barbilla y resolvió—: mientras te lo digo, caigo en cuenta de que así es también en la vida, sea como padre, dirigente, gobernante, o como pastor de almas... Nunca podremos llevar a nadie a una altura que no hayamos visitado nosotros antes.

Guardó un instante de silencio, esperando alguna respuesta del joven, pero al captar la concentrada atención del aprendiz, añadió un importante principio:

—Siempre buscarás lugares donde haya agua cercana, pues es una necesidad esencial de las ovejas, deben mezclar el alimento sólido con el agua limpia; pero, atento, los ríos con corriente fuerte asustan a las ovejas que se saben vulnerables y no beberán, por eso el pastor busca manantiales o arroyos apacibles y sin corriente.

—¡Espere! —con gesto de asombro Yasser abrió su morral y extrajo algo de él—. Me lo dio Elihu —desplegó el papiro cuidadosamente consciente de lo delicado y quebradizo de aquel material—, se trata de un escrito del Rey David...

—Lo sé —le recordó Obed—. Te vi leyéndolo el primer día.

—Es cierto —dijo, y leyó—: "Junto a aguas de reposo me pastoreará". "Aguas de reposo", a eso se refería usted, ¿verdad? A que las aguas no deben tener corrientes para que las ovejas no se asusten.

—Correcto —asintió Obed—, David, como experto pastor, sabía bien que eran esas aguas, el manantial reposado, lo que el rebaño necesita. También en esto nos parecemos a las ovejas —puntualizó—, nuestros hijos necesitan paz en el hogar; los congregantes de una iglesia o cualquier otro grupo humano, necesitan que no haya guerras internas —y mirando a Yasser con fijeza le conminó— eso formará parte de tus cuidados, proveerles paz —solo hizo un instante de silencio antes de añadir—: Una cosa más, habrá épocas del año cuando el clima sea excesivamente frío o demasiado seco y la tierra quede yerma, sin alimento. Entonces el pastor debe subir a los árboles y coger brotes tiernos de las ramas para que las ovejas puedan comer. En ocasiones la búsqueda de alimento para el rebaño requerirá mucho tiempo y energía... El pastor hará lo que sea para que a las ovejas no les falte nada...

—"Jehová es mi pastor, nada me faltará..." —Yasser leyó de nuevo, cada vez más convencido de que esa composición de David tendría mucha presencia en aquella nueva etapa de su vida.

Guardó el papiro en su morral y, a punto de despedirse, pareció recordar algo:

—Vi lo que hizo cuando encerró hoy a las ovejas —dijo al capataz—. Observé como las examinaba y nombraba una a una...

—Mañana lo harás junto conmigo —le aseguró Obed—. Ya sabes a qué hora sacarlas del corral y cómo hacerlo. Es momento de que aprendas el proceso de regresarlas al redil.

# LA MARCA ROJA

Al día siguiente, al caer la tarde, Yasser regresó con sus ovejas y encontró a Obed esperándolo.

—Me alegra verte menos taciturno que ayer —le dijo—. Veo que hoy no te abordó el comité de desalentadores…

—No —rio Yasser—. ¡Fue un día radiante! Sol, brisa fresca y un rato tranquilo disfrutando de la naturaleza y conociendo al rebaño.

—Me alegra mucho —Obed estaba contento de ver que Yasser ya no desdeñaba a su rebaño considerándolo pequeño—. Acompáñame, vamos a llevarlas al redil.

Ambos se dirigieron a la entrada del corral. Allí pernoctaban varios cientos de ovejas de al menos quince rebaños diferentes, pero cuando a la mañana iban llegando los pastores, cada animal distinguía la llamada precisa del suyo y solo se marchaban con él, siendo indiferentes al reclamo de otros.

Obed tomó asiento en un pequeño taburete junto a la puerta del corral y colocó horizontalmente un cayado, como si fuera un rasero que debían superar. Entonces explicó:

—Debes colocar la vara de este modo para que las ovejas pasen por debajo.[14] Adecuarse a la altura que impone las obliga a andar más despacio y de ese modo podemos contarlas a la vez que las examinamos una a una. De este modo es fácil ver si alguno de los animales sufrió un dañó, incluso podrás apreciar si presenta una pequeña herida o un rasguño que, de no tratarse, puede conducir a una infección, pues, como ya sabes, el sistema inmune de la oveja es deficiente. Si así fuera, si muestra una lesión, debes ponerla aparte para aplicarle alcohol y aceite.

---

[14] Ezequiel 34

—¿Aunque sea pequeña la herida debo tratarla? —quiso saber el joven.

—Aunque solo fuera un rasguño —advirtió Obed—. Hay que aplicar medidas preventivas y no solo curativas. Ya te dije lo vulnerables que son estos animales. Debemos evitar cualquier infección

—¿Por qué ha dejado que la vara caiga sobre esa? —inquirió el joven al ver que Obed había posado el cayado sobre el lomo de un animal.

—Esa oveja es la mejor de tu rebaño.

—Su lomo ha quedado manchado de rojo —señaló el joven.

—No lo llames mancha —pidió el capataz—. En realidad, es como un sello, una marca que establece a la mejor del rebaño.

—¿Por qué la ha marcado?

—Eso indica que la oveja es el diezmo que entregaremos a Dios.

—¿El diezmo?

—Así es —señaló a la oveja—. La oveja marcada en rojo será entregada a Dios —insistió Obed—. Como una ofrenda. Buscamos darle lo mejor.

—Pero mi rebaño es muy pequeño —lamentó el joven—. ¡Solo diez ovejas! Si además me quita una y es la mejor que tengo… —había disgusto y reproche en el alegato.

—El diezmo del rebaño es para el Señor y darle a Dios nunca te empobrecerá, por el contrario, comprobarás que hacerlo así, traerá vida y crecimiento a tu redil. No obstante —añadió—, te repondré esa oveja. No disminuirá el número de cabezas que pastorees.

—¿Por qué la marca es roja? —la curiosidad de Yasser era insaciable.

—Cuando mañana estés en el monte, mira en aquella dirección —señaló Obed al punto donde se alzaba el templo—. Verás columnas de humo ascendiendo. Son ovejas sacrificadas y ofrecidas en holocausto para la expiación de los pecados... —guardó silencio como si le resultase difícil pronunciar la siguiente sentencia, finalmente lo hizo con voz tenue, casi imperceptible—: Hoy la oveja muere por el pastor, pero llegará el momento, recuerda esto —su mirada era intensa—, en que el pastor morirá por las ovejas, enseñándonos que quien de verdad ama, ofrece su vida por el ser amado. El pastor pondrá el corazón y con él su vida, por amor a sus ovejas.

Yasser posó la mirada sobre la vara que Obed sostenía. El tinte se deslizaba por la superficie de madera y formaba un pequeño lago carmesí sobre la tierra. "Un día el pastor morirá por la oveja". Un estremecimiento recorrió la columna vertebral del joven pastor... Un escalofrío que no supo a qué atribuir.

# A CADA OVEJA LLAMA POR NOMBRE

Obed había ido nombrando uno a uno a cada animal que pasaba bajo la vara, y eso llamó la atención del aprendiz:

—¿Cómo eligió el nombre de cada oveja?

—Por sus cualidades o por su comportamiento —señaló a uno de los animales—. Aquella es la oveja de la valla, le di el nombre porque siempre está oteando fuera del redil. En cualquier momento la verás con su hocico entre las maderas, mirando el exterior, codiciando lo que está más allá de su frontera. No importa las comodidades y cuidados que tenga dentro, ella quiere lo que está fuera. Bien pensado —musitó el capataz—, también en eso nos parecemos; es una actitud muy humana, pocas veces valoramos lo que tenemos; o lo apreciamos, pero siempre deseamos lo que otros tienen aunque no nos haga falta.

—Esa otra de allá —señaló a una oveja de cola gorda, la especie más cotizada— es Taciturna. La bauticé así porque nunca está contenta, siempre luce sombría y huraña. No importa lo que uno haga por complacerla, pareciera que tiene mil razones para llorar y ni una sola para sonreír. Fíjate que pertenece a una de las especies más valiosas del rebaño. Ese apéndice trasero —señaló a los cuartos traseros de la oveja—, que le da el nombre de "coligorda", es un depósito de grasa que le proporciona energía extra. Su lana es más fuerte y mejor cotizada que la de sus hermanas y su constitución más robusta, llegando a un tamaño que dobla al resto; pese a eso, ella sigue mostrando un perenne desencanto. Justo lo contrario de esa otra —ahora apuntó con la vara a otro ejemplar que retozaba por el redil—, la llamo Feliz porque siempre encuentra una razón para el disfrute y el solaz. Brinca y corretea todo el tiempo. Vive en el mismo lugar que Taciturna, bajo los mismos cuidados y atenciones, y eso a pesar de ser una oveja menos valorada pues, como verás no es coligorda, sin embargo, siempre encuentra mil razones para reír por cada razón para llorar —en ese momento se inclinó Obed a acariciar a una oveja que no se había despegado de su lado desde que llegaron. El animalito restregaba su cuerpo contra la pierna del capataz y con su hocico le rozaba el calzón, como besando a su cuidador—. Esta es la oveja díscola y discrepante. Su nombre es Rebelde.

—¿Díscola, discrepante, rebelde? —el muchacho miraba sorprendido—. Yo diría que es la más dócil de todas. No se ha separado de usted desde que hemos llegado.

—Ahora es la más dócil, pero tuvo su proceso —Obed acariciaba con ternura la cabeza del animal—. "Rebelde" discrepaba de todo y desafiaba siempre al punto de que en varias ocasiones tuve que rescatarla de algún despeñadero al que su terquedad la condujo. Cuando su actitud comenzó a contagiar al resto del rebaño, no tuve más remedio que dañar uno de sus tendones para eliminar su autosuficiencia. Bastó un golpe aplicado con precisión con esta vara —mostró el cayado bajo el que habían pasado los animales—. Tras el correctivo la oveja no pudo caminar durante un tiempo.

—¿Fue grave la lesión? —Yasser la miró preocupado—. Dejarla sin caminar es un castigo muy severo…

—No fue una lesión sino una terapia y no se trató de castigo, sino de cuidado. Lo grave habría sido no aplicarlo. Tuve que dañar su tendón para preservar su vida —Obed rascaba el lomo del animal y la oveja a todas luces lo disfrutaba—. Su actitud desafiante la ponía en serio peligro; la llevó a profundos barrancos y podría haberla llevado a la muerte, además ponía en riesgo al resto del rebaño.

—¿Después de eso cambió su comportamiento?

—Mientras no pudo andar, la llevé sobre mis hombros. Cuando íbamos a los pastos yo la cargaba, acariciando su cabeza y hablando con ella. Cuando su tendón dejó de dolerle y Rebelde pudo caminar, ya no quiso separarse de mí. En el proceso de la sanidad quedó tan ligada a mis caricias y a mi voz, que ya nunca ha vuelto a alejarse. Ahora es la más cercana y apacible de todas.

—¿No le parece que podría cambiarle el nombre? —sugirió Yasser—. Ya no es desafiante ni rebelde...

—Puede que tengas razón —admitió Obed—, pero ¿te has fijado que las heridas curadas dejan cicatrices? He pensado que el Creador podría haber hecho que nuestro organismo se regenerase de tal forma que no quedasen marcas...

—Nunca lo había pensado, pero tiene razón.

—He llegado a la conclusión de que la cicatriz queda como recordatorio de lo que hicimos que produjo el daño. La marca nos grita: "¡Sanó, pero dolió! ¡Cuidado con entrar de nuevo en el camino donde te heriste!". En el caso de mi corderillo —rascó cariñosamente la cabeza del animal—, su nombre es la huella que le recuerda las sendas a las que no debe aproximarse.

Yasser bebía de la elocuente sabiduría de aquel hombre tan pequeño como insondable.

—Integridad, hijo, sobre todo integridad. Es esencial para un pastor de quien depende la vida de las ovejas.

—¿Qué es integridad?

—Integridad es autenticidad —se rascó Obed la sien derecha en su gesto reflexivo y enseguida explicó—: En las obras de teatro de los griegos, hay un artista que desempeña múltiples personajes. Él entra en escena con una máscara y luego va a ponerse una diferente para interpretar a otro personaje. A este artista se le llamaba el "hupokrites", de ahí viene la palabra "hipócrita".

Observó al joven para asegurarse de que iba entendiendo, solo entonces continuó:

—Cuando usas máscara para aparentar una forma de ser delante de algunas personas y lucir de manera diferente ante otras, eso es falta de autenticidad. Dios quiere que seas exactamente la persona que Él quiso que fueras, sin importar quién te está mirando. La integridad es una motivación genuina. Esto significa que haces lo correcto y por la razón correcta. Tus motivos son puros. Eres sincero y directo en todos los ámbitos de tu vida y con todas las personas. Oras para hablar con Dios y no para impresionar a otras personas.

—Los hombres usualmente estamos interesados en la imagen, pero Dios lo está en la integridad. Nos importa la reputación, a Dios el carácter. La reputación es lo que otros piensan que eres. La integridad es lo que realmente eres. La reputación es lo que eres en público. La integridad es lo que eres cuando estás a solas con Dios. Dios bendice a los que tienen integridad. Ellos llegan a ser los amigos de Dios. Ya lo dijo el sabio rey Salomón: "El Señor detesta a los de corazón retorcido, pero se deleita en los que tienen integridad".[15]

Había comenzado Yasser a alejarse, dejando a las ovejas en el refugio, cuando Obed pareció recordar algo:

—¡Espera, olvide mostrarte a Infectada!

—¿Infectada? —repitió Yasser siguiendo a su maestro.

—Es aquella, la coligorda blanca y marrón.

—¿Por qué la llamó Infectada?

—Sobrevivió milagrosamente, pero estuvo muy grave —asintió varias veces con la cabeza y luego preguntó—: ¿Sabes cuál es el peor enemigo de las ovejas?

—Supongo que el chacal o tal vez la hiena, quizá el león o algún otro de esos depredadores...

---

[15] Proverbios 11:20 NTV

—Has mencionado a feroces enemigos, pero hay uno menos perceptible y también más mortífero…

—¿Cuál es? —Yasser sentía verdadera curiosidad.

—¡La mosca!

—¿Cómo dice? —rio Yasser pensando que el maestro bromeaba.

—De todas las enfermedades que una oveja es capaz de padecer, hay una especialmente grave, la cual probablemente causará su muerte y no es producida por el león, por el oso o el chacal; el mortífero enemigo es la pequeña mosca. Esta se introduce por el orificio nasal de la oveja y escala hasta llegar junto al cerebro, allí deposita unos huevecillos que, pasado el tiempo, eclosionan y nacen las larvas. Esas larvas se harán moscas que minarán el cerebro de la oveja, provocándole la locura. Un animal así no puede descansar, está frente a los mejores pastos, pero no los disfruta, el agua fresca está delante y no la bebe, porque hay algo en su cabeza que no le permite reposo. Mientras sus compañeras dormitan sobre el colchón de mullida hierba, la oveja infectada corre desesperada de un lado a otro. Enajenada, golpea la cabeza contra la valla del redil e incluso arremete contra sus compañeras de rebaño… ¿Es mala esa oveja? —no aguardó respuesta—: ¡No! No es mala… Está enferma. Golpea su cabeza en un intento de matar lo que tiene allí adentro que la está torturando.

—¡Es terrible! —tembló Yasser imaginando aquello—. ¿Cómo se puede evitar?

—La única medida preventiva, es ungirle la cabeza con una combinación de aceite y azufre que espantará al mortífero insecto.

—¿Aceite en la cabeza? —Yasser abrió de nuevo su morral y extrajo el manuscrito en el cual leyó—: "Unges mi cabeza con aceite". ¿Será a esto a lo que se refiere el salmista? ¿Estará hablando de ese procedimiento para combatir la mosca?

—Indudablemente —aseguró Obed—. Con toda seguridad el rey-pastor se refería a ese proceso. Pero sus palabras van más allá del entorno pastoril, son aplicables a cualquier humano. ¿Sabes que a lo largo de la vida hay "moscas" que invaden nuestra cabeza y nos alientan a la locura? Se infiltran en nuestra mente, robándonos primero la paz al instalar mil preocupaciones en ella, impidiéndonos disfrutar de lo que tenemos. Finalmente, nos vuelven agresivos y hasta violentos con los demás… No somos malos, estamos perturbados por lo que hay en nuestras cabezas que nos roba la salud y el sosiego. El Pastor debe aplicar su aceite sobre nosotros para devolvernos la paz. He visto a personas disponer de la mejor comida y no tener apetito. Tienen una confortable cama, pero perdieron el sueño; cuentan con una familia que los ama y no pueden disfrutarla, porque hay algo en su mente que los inquieta y consume. Es imprescindible ese aceite que el pastor aplica para eliminar lo que quiere matarlos de angustia y ansiedad.

—Y ella —señaló Yasser a la oveja—, ¿fue infectada por la mosca?

—Fue terrible… —Obed movió su cabeza a derecha e izquierda—. Era la más dócil y de la noche a la mañana se volvió nerviosa y agresiva. No permitía que la tocáramos y golpeaba con su cabeza a las compañeras. Comenzó a mostrar desbalance al caminar, incluso se caía, señal de que el cerebro estaba dañado.

—Pero no murió y ahora se la ve tranquila.

—¡Me resistí a dejarla morir! —Obed había entrado al corral y acercándose a Infectada, puso su mano bajo la cabeza alzando el mentón del animal—. Tomé el aceite y, sosteniendo así su cabeza haciéndola mirar al cielo, vertí aceite por sus orificios nasales. No estaba seguro de que pudiera funcionar, pero milagrosamente el aceite pareció matar a aquello que iba a matar a la oveja.

—Me gusta mucho eso que dijo: "Haciéndola mirar al cielo".

—Sí, para que la oveja sane, debe mirar al cielo y recibir el aceite de la mano del pastor. ¿Sabes, Yasser? —el responsable de los rebaños miró al joven con intensidad—, en el transcurso de mi vida yo mismo he tenido que alzar la mirada al cielo muchas veces, pidiéndole al Pastor que aplique ese aceite sobre mi mente para protegerme de infecciones, porque hay moscas, algunas muy peligrosas, que invaden la cabeza y roban la paz.

# CRECE EL REBAÑO

Durante las siguientes semanas, Yasser fue aprendiendo muchas nuevas habilidades del pastoreo. Su pasión fue impregnándose de conocimientos, al punto de que empezó a ser conocido como "el pastor joven con destrezas de viejo". Era tal su anhelo de aprender, que de todo y de todos extraía nuevas lecciones. Un día Obed lo llamó:

—¿Recuerdas tu desencanto cuando puse a tu cuidado diez ovejas?

—Recuerdo también lo mal que reaccioné a su encargo —rio el joven—. Fui bastante descortés y maleducado...

—¿Crees que fue adecuado empezar con poco?

—Muy adecuado y le pido disculpas por mi mala actitud...

—Ha llegado el momento de que conozcas a tu nuevo rebaño. Sígueme.

Se aproximaron a los corrales y Obed lo hizo pasar. De la parte techada surgía un atronador coro de balidos.

—¿Las escuchas? —sonrió Obed—. Son tus nuevas ovejas.

—A juzgar por el sonido hay más de diez.

—Cuatrocientas.

—¿Cómo dice?

—Tendrás a tu cargo cuatrocientas siete cabezas de ganado...

Yasser quedó tan asombrado que no pudo reaccionar. Se detuvo sin atreverse a entrar al redil techado y finalmente dijo:

—Obed, sé que al principio le presioné para que me diera un rebaño grande, pero no quiero desprenderme de mis diez ovejas, prefiero seguir con ellas.

—Por supuesto que no te desprenderás de tus ovejas —afirmó el capataz—. Ellas tampoco querrán separarse de ti;

se integrarán a este rebaño y serán tus más fieles ayudantes.
Ellas estuvieron cerca del pastor y en esa proximidad ad-
quirieron pericia para ayudarte a guiar al rebaño. Cada una
de las diez llevará un cencerro, cuyo sonido orientará a sus
compañeras que, cegatas y despistadas, necesitan referencias
audibles para encontrar el camino. Cuando eran diez, tu voz
era suficiente para guiarlas, pero ahora, con el ruido que provoca esta multitud, necesitas ayudantes para conducirlas.

En cuanto hubieron entrado al corral, las diez ovejas co-
rrieron hacia Yasser y lo rodearon con el sonido de los badajos,
pues ya Obed había dado orden de colocarles los cencerros al
cuello.

—Ya no sois tan solo ovejas —les dijo Yasser acariciándo-
las una por una—, ¡ahora sois mi equipo!

—"Ovejas guías", así las llamamos —apuntó Obed—.
Pronto las demás aprenderán a respetarlas y tus ovejas prima-
rias serán de gran ayuda para ti.

# SEGUNDA PARTE

UN VIAJE AL CORAZÓN DEL SALMO

# PREPARANDO EL VIAJE

Elihu estaba inquieto por Yasser. Ya no le pesaba tanto la frustración que al principio lo sobrecogió al ver que aquel a quien pensaba entregar el timón de su emporio, gastaba su vida entre zarzas y boñiga; lo que ahora le provocaba ansiedad, era imaginar los peligros que Yasser pudiera estar enfrentando. Casi a diario llegaban noticias de pastores atacados por depredadores y de cabreros muertos a manos de ladrones de ganado.

Hacía varios meses que no veía al chico, pero cada día sin dejar pasar uno, enviaba a alguien a preguntar a Obed por el estado del muchacho. Los reportes recibidos eran extraordinarios: Yasser destacaba por su destreza para el pastoreo. En poco tiempo podría llegar a ser el mejor pastor que jamás hubieran tenido. Y, lo que más gozo proporcionaba a Elihu: el chico estaba feliz.

Otro tanto pasaba con los padres de Yasser quienes procuraban hablar con él todos los días, y aunque percibían que el trabajo que su hijo realizaba era muy duro, verlo tan contento los tranquilizaba.

Un día Elihu envió un mensajero, conminando a Yasser a personarse ante él al día siguiente.

Fue Esdras, el amanuense, quien temprano recibió al chico y lo condujo hasta el rico comerciante.

—Hemos incorporado nuevos manuscritos a la biblioteca —le comentó el escriba mientras lo guiaba—. Lo más valioso de Herodoto y Aristófanes. Disfrutarás leyéndolo.

—No lo dudes —afirmó Yasser—. Pronto me pasaré a leer esas joyas.

—El señor Elihu vendrá enseguida —repuso invitando a Yasser a pasar al pequeño pero lujoso cuarto que Elihu utilizaba como sala de trabajo.

—Gracias Esdras —la sonrisa de Yasser era imperturbable. El escriba pensó que nunca había visto sonreír al chico de esa manera mientras estuvo en la biblioteca, aunque no pudo evitar un gesto de sorpresa al observar la deteriorada piel del joven y la deplorable vestimenta de quien podría haber sido dueño del majestuoso imperio comercial.

—¿En qué trabajas ahora? —preguntó el muchacho—. ¿Con qué copia estás?

—¡Te sorprenderás! —previno Esdras—. Estoy haciendo una nueva copia del escrito del rey David que te obsequió el señor.

—¿El salmo del pastor? —exclamó Yasser—. No puedes imaginar cuánta paz me proporciona su lectura.

—Claro que puedo imaginarlo —corrigió el escriba—. Esa composición inspira a cuantos la leen. Puedo predecir que generaciones futuras serán bendecidas con esa lectura. Elihu quiso reponer enseguida esa joya literaria que con tanto acierto escogiste, así que estoy empleándome a fondo en dejar un manuscrito totalmente fidedigno. Llevo cinco semanas con ella; quiero que quede perfecta.

—¿Cinco semanas? —era evidente la sorpresa en el joven—. ¿Se precisa tanto tiempo para hacer una copia?

—Como amanuense no concibo otra posibilidad que escribir con perfección —reconoció Esdras—. Aunque no te extrañe que Belcebú, Dios lo reprenda, idee algún día artefactos para que no haya que escribir a mano.

Sonrió Yasser ante lo que le pareció una fantasía… "dejar de escribir a mano", encontró ridícula tal posibilidad. Sería suficiente con que todos supieran escribir, pero ese arte estaba vetado para un amplio sector de la ciudadanía.

—No creo que debas preocuparte, Esdras. tu oficio nunca podrá ser sustituido por ninguna invención de esas que llamas diabólicas.

—No estés tan seguro —previno el escriba—. El demonio y la mujer siempre tienen algo que hacer.

Rio Yasser ante un cierre de discurso tan desatinado. Comparar al demonio con la mujer, solo podía venir de un excéntrico solterón como Esdras.

—Por cierto —intervino de nuevo Esdras—, el señor me ha encargado hacer otra copia más del mismo escrito de David...

—¿Otra más?

—Así es —afirmó—. Cuando concluya con esta haré otra para ti. Elihu quiere que sustituyas esa, cuya tinta está tan diluida.

—No sabes cuanto lo agradezco —explicó el joven—. El papiro se ha quebrado por varios lugares. Lo leo a diario y eso hace que se desgaste demasiado.

—No tendrás ya que preocuparte por eso —aseguró el amanuense—. El señor me indicó que tu copia vaya en pergamino. La piel es mucho más resistente y duradera.

—¡Qué alegría! —exclamó el muchacho—. Será un doble tesoro, por lo que dice, y por el soporte sobre el que está escrito.

Tras asegurar que lo haría lo antes posible, el copista se excusó para regresar a sus múltiples quehaceres y Yasser permaneció sentado en el cómodo diván, esperando a Elihu.

Una mañana fresca y bella, radiante y perfumada, entraba por los ventanales abiertos. Se respiraba la paz de una atmósfera en la que el silencio se hallaba a todo volumen. La luz acariciaba y se multiplicaba en los brocados, se entretenía en los oros y se deslizaba sobre los marfiles.

Era una habitación fastuosa y resplandeciente. La pared del fondo estaba decorada con un gran mural que mostraba una escena mítica; los ojos de Yasser se recrearon en los detalles de la pintura donde dos leones de Judá custodiaban un texto de la Torá. Prevalecía el color rojo. Esa tonalidad no estaba al alcance de cualquiera. Solo las personas más adineradas tenían acceso a los tintes rojo y bermellón, que se importaban desde España.

El sonido de la puerta al abrirse sobresaltó a Yasser, que rápido se incorporó, quedando frente a Elihu. El rico comerciante lo contempló en silencio durante al menos un minuto, impresionado por el evidente deterioro que el chico había sufrido. Calculó mentalmente que Yasser llevaba dieciocho meses pastoreando, pero sobre el joven parecían haberse desplomado dos décadas. Reparó en el tosco chaleco de piel de oveja que vestía sobre una burda túnica de tono oscuro y con algún reparado desgarrón causado por las rocas y las zarzas. La piel del joven, de común blanca y cuidada, estaba curtida, incluso requemada por efectos del sol y el viento. Le pareció estar ante un pordiosero y cerró los ojos, intentando huir de la escena. Recordó Elihu la delicada túnica de lino azul que antes vestía ceñida a la cintura con un cordón dorado. Sus pies iban ahora nada protegidos por unas chanclas de gastado cuero, arañadas y hasta agujereadas por las piedras. Muy distintas a las relucientes sandalias de la mejor piel que antes calzaba. Elihu había visto a mendigos mejor vestidos que Yasser. Pero tras recorrerlo con la mirada se detuvo en los ojos del chico. Brillaban con el fuego del entusiasmo y supo que Yasser era feliz. Perdió muchas cosas materiales, pero fuera de toda duda, había alcanzado lo esencial.

¡Qué verdad es que cuando alguien está lleno por dentro es poco lo que necesita por fuera!

Tras un caluroso abrazo, Elihu invitó al chico a tomar asiento en la silla de caoba con incrustaciones de carey que había frente a su mesa de trabajo.

—Llevas año y medio siendo pastor —le recordó Elihu—. ¿Ha satisfecho este tiempo tu curiosidad?

—Señor, con todo respeto, lo que me llevó a los rediles no fue curiosidad sino vocación, y este tiempo solo ha servido para afirmarme en que ese es mi lugar.

Asintió Elihu sin poder ocultar su decepción a la vez que admirado por la determinación del chico. Había alentado la esperanza de que ese tiempo hubiera sido suficiente para matar el idealismo del joven y convencerlo de que el palacio era mejor opción que los corrales.

—Hijo, déjame que te diga que hablas claro, pero actúas borroso. No sé si tu actitud es fruto de la terquedad o de una auténtica, aunque absurda, vocación.

Guardó silencio esperando que el joven presentase algún alegato, pero el silencio fue toda su respuesta.

—Obed me ha informado que estás considerando iniciar un viaje con las ovejas.

—Sí, señor, es cierto.

—Nunca has ejercido de pastor trashumante —le advirtió—. Tienes cuatro centenares de ovejas a tu cuidado, ¿sabes que no es nada sencillo mover a un rebaño tan grande?

—Así es, señor —reconoció el chico—, pero no queda más alternativa. Cuatrocientas ovejas necesitan mucho pasto y aunque todavía queda algo en los alrededores, pronto será necesario buscar otros campos para alimentarlas.

—¿Apuraste lo que quedaba en nuestras tierras de cultivo? —quiso saber Elihu—. Acaban de terminar las recolectas y nuestros pastores siempre llevan a sus ovejas a comer los brotes nuevos y los granos que quedan en los campos.

—Eso es lo que ahora las mantiene, señor —dijo—, comen a placer y limpian los campos de tal modo, que se disputan el más pequeño grano con las hormigas que intenten llevárselo. Pienso que aún tendremos alimento para un par de semanas, pero debo ir haciendo planes para los próximos meses.

—El clima se anuncia tórrido y eso complicará los viajes —miró al joven sin intentar disimular la preocupación que sentía—. ¿Te dio instrucciones el capataz sobre cómo protegerte? El sol ha afilado sus rayos y las fieras sus dientes y sus uñas… Eso sin mencionar a los bandidos, que esperan pacientes, guarecidos en los caminos.

—Sí, señor, Obed está explicándome todo —quería tranquilizar a Elihu—. Buscaré los pastos más elevados y frescos. Llevaré al rebaño sobre las escarpadas lomas verdes y por las noches vigilaré bien los rediles descubiertos…

—Rediles que en muchos casos tendrás que construir tú mismo.

—Así es, señor. Utilizaré grandes piedras sobre las que acumularé espinos y zarzas para disuadir a los depredadores.

Sonrió Elihu. El chico explicaba sus planes como quien en la escuela recita la lección bien aprendida.

—Con un poco de suerte encontrarás algún redil que otros pastores hayan levantado —le dijo—, y siempre que puedas pernocta en alguna cueva y cubre su entrada con buenas rocas. Debéis protegeros de los chacales y las hienas.

—Así lo haré —prometió el joven—. El simple aullido de una hiena hace que las ovejas entren en pánico…

—¿Qué harás si eso ocurriera?

—Lo primero, cerciorarme de que el depredador no se aproxime y lo segundo, tranquilizar al rebaño. Debo hablarles, incluso cantarles. Mi voz las tranquiliza. Las ovejas combaten el miedo escuchando a su pastor.

—Veo que sabes bien cómo cuidar de tu rebaño —admitió Elihu bastante complacido—, ¿y respecto a tus cuidados?

—¿Mis cuidados?

—¡Claro! —replicó—. Tú también debes cuidarte… Muerto el pastor se desperdiga el rebaño…

—No debe preocuparse, señor. Estaré bien.

—El valor, la abnegación y la defensa hasta la muerte de su rebaño, son virtudes que se dan por supuestas en un pastor; a ellas hay que agregar la habilidad, la oportunidad en las acciones y la anticipación a los enemigos de los que, fuera y dentro, están rodeados.

Yasser mostró su conformidad con una sonrisa.

—Pero eso no quita que me preocupe tu seguridad —mirándolo con fijeza inquirió—: ¿Irás lejos?

—Planeo ir desde Jericó hasta Belén —repuso Yasser—. Unos cuarenta kilómetros, tal vez un poco más…

Elihu palideció.

# INHÓSPITO VALLE

—¿Se encuentra bien? —inquirió Yasser al ver el rostro sin color de Elihu.

—¿De Jericó a Belén? —y repitió—. ¿Irás de Jericó a Belén?

—Sí, al parecer hay llanuras suculentas en ese camino.

—Lo que hay en ese camino es el valle de sombra de muerte… —el rostro del anciano había adquirido el tono de la ceniza.

—¿Cómo dice, señor?

—Al salir de Jericó, de camino al mar Muerto, no tendrás más alternativa que cruzar por el valle de sombra de muerte.

—Nunca escuché de ese lugar, señor —reconoció Yasser.

—¿No te habló Obed de ello? —había sorpresa en Elihu—. ¿No te contó lo que allí…?

Se detuvo Elihu en ese punto, como si de pronto reparase en que iba a decir algo inconveniente. Pero la perspicacia del joven le hizo captar el final de la frase que Elihu dejó inconclusa.

—Dígame, señor, ¿qué lugar es ese? ¿Por qué le preocupa tanto? ¿Qué ocurrió allí?

—Cuando abandonas Jericó por el sur, encontrarás un angosto desfiladero que discurre entre montañas. Tiene siete kilómetros y medio de longitud y serpentea entre altísimas paredes de roca que llegan a alcanzar quinientos metros de altura. Algunos tramos del camino solo cuentan con dos o tres metros de anchura y hay recodos donde el espacio es tan estrecho que las ovejas no pueden ni girarse —Elihu miró con toda la intensidad posible a Yasser asegurando su atención—. Ese barranco es, además, extremadamente peligroso porque abundan las hendiduras y los despeñaderos disimulados —guardó silencio un instante antes de pronunciar—:

cuando menos lo esperas se abre ante ti un abismo cuya profundidad nadie conoce... No es capricho que lo hayan llamado valle de sombra de muerte.

—¿No hay otro camino que podamos tomar? —Yasser se había estremecido con la detallada descripción de Elihu.

—Eludir ese desfiladero te obligaría a bordear los montes que lo circundan y eso alargaría tu viaje. Lo que toma tres días atravesando los montes, te llevará tres meses si los rodeas.

Se mesó el comerciante la barba afilada, como esculpida con filo de navaja. Posó luego su mano en el antebrazo del joven, y advirtió:

—Pero nunca lo cruces a pleno día. Bajo el sol es imposible transitarlo, pues allí adentro el calor es asfixiante, eso a pesar de que los rayos apenas lo alcanzan unos minutos cuando el sol está en su cenit, de ahí lo de "valle de sombra". Pero el cinturón de montañas que ciñe al desfiladero impide que llegue la brisa y la atmósfera es agobiante. Hay que recorrerlo al despuntar el alba o al anochecer, pero eso aumenta considerablemente el peligro, pues los forajidos saben que los pastores atraviesan con sus rebaños a esas horas y esperan guarecidos en las grietas. Por eso también es conocido como "valle de muerte".

—Uffff —el joven resopló mientras su rostro palidecía—. Tal vez deba buscar un lugar diferente donde llevar al rebaño.

—Me inclino a decirte que sí —repuso Elihu con cierto alivio—, hay mil opciones mucho menos arriesgadas, pero siendo honesto contigo, hijo, no hay prados en toda esta región donde la hierba sea tan jugosa y de tanta calidad, como la que crece a la salida de ese valle. Hay evidencias de que a lo largo de la historia los mejores pastores llevaron a sus rebaños a través de ese angosto camino, sometiéndoles a un rato de oscuridad, pero llegando luego a las impresionantes praderas en las que el camino desemboca.

—Un tramo de oscuridad que termina en las mejores praderas —repitió Yasser dejando en el aire emanaciones de sabiduría.

—Como la vida misma —asintió el rico comerciante—. Hay etapas tan duras como inevitables, las cuales desembocan en cumbres de ensueño. Tesoros que Dios esconde entre los pliegues de las sombras y joyas que Él engarza en la oscuridad.

Notó Elihu que el joven reflexionaba.

—¿Tienes el papiro que te obsequié? —quiso saber—. Porque Esdras no te dio aún el pergamino, imagino.

—¿El Salmo? —Yasser abrió su zurrón—. Tengo el papiro, pues siempre lo llevo. Lo sé de memoria, pero me gusta releerlo una y otra vez.

—Yo digo que este salmo es el resumen de la vida; es la hoja de ruta que nos muestra la senda que todos, sin excepción, debemos recorrer —tomó Elihu el manuscrito y con su dedo indice señaló una de las líneas—. Escucha atentamente este verso del salmo: "Aunque ande en valle de sombra de muerte no temeré mal alguno".

—¡Valle de sombra de muerte! —exclamó Yasser—. Señor, ¿cree que David se refiere a ese lugar del que hablábamos?

—No tengo duda de ello —afirmó Elihu—. Los más eruditos aseguran que el pastor-rey David debió guiar muchas veces a sus ovejas por ese oscuro precipicio, y en alguno de esos trayectos, cuando estaba en el asfixiante interior, en el corazón mismo del sombrío e inhóspito valle, alzó sus ojos y declaró con fe que, aunque toda su vida fuera como ese sendero, él confiaría en Dios. "Aunque ande en valle de sombra de muerte no temeré mal alguno, porque tú estarás conmigo".

—Si antes valoraba este escrito —tomó Yasser el papiro con una delicadeza rayana en la veneración—, ahora lo respeto mucho más. Una vez enrollado el joven lo guardó, no en su zurrón, sino que lo introdujo en el bolsillo interior de su capa dejando así que el escrito reposara en el lado izquierdo de su costado… Justo sobre su corazón.

—Hay un detalle importante en ese bello poema —advirtió el anciano—. No parece haber ninguna duda de que David recitó esa frase mientras se encontraba en el desfiladero que se abre al sur de Jericó, pero las praderas que menciona al principio del salmo, ¿las recuerdas?

—"Elohim es mi pastor, nada me faltará, en lugares de delicados pastos me hará descansar, junto a aguas de reposo me pastoreará…". ¿A esas se refiere?

—Observo que no mentiste al decir que lo has memorizado —afirmó Elihu complacido—. Sí, me refiero a esas, y creo que ese paradisíaco paraje que el salmo describe en sus primeras líneas, podría ser el que hay en la desembocadura del inhóspito desfiladero. Simplemente varía el orden de aparición de los elementos. David menciona primero los verdes prados y luego el duro tramo que nos lleva hasta ellos —y resumió—: como te dije, justo a la salida del valle de sombra de muerte están las praderas más exuberantes de toda esta región —calló un instante, como reflexionando y enseguida reiteró lo que había dicho—. También ocurre así en la vida, los pastos jugosos y delicados suelen estar en la salida de los trayectos más duros de la vida y desde allí nos gritan: "¡No abandones, sigue adelante, tras la lucha me encontrarás! ¡Después de la adversidad llega la victoria!".

Ahora Yasser estaba profundamente concentrado, como absorto en un debate interno y Elihu no quiso interferir en sus reflexiones. Se creó entre ambos un instante de silencio que, pasados varios minutos, Yasser rompió como si fuera cristal:

—Si David lo hizo —planteó con determinación—, si él cruzó ese precipicio para llegar al mejor pasto, yo también puedo hacerlo. Quiero que mi rebaño disfrute de las verdes praderas que hay del otro lado. Quiero alcanzar la mejor vida que hay tras la sombra de muerte.

Elihu experimentó un súbito estremecimiento ante la decisión del joven, y se aferró a los brazos de su sillón para disimular el evidente temblor en sus manos. Le aterraba la posibilidad de que a Yasser le ocurriera algo, a la vez que se regocijaba por la calidad humana y profesional de aquel joven a quien amaba como si fuera su hijo.

—Si esa es tu decisión, entonces demos gracias a Dios por cuidarte en ese difícil viaje —repuso el anciano comerciante y cerró los ojos, dispuesto a elevar una oración.

—¡Espere, señor! —pidió el muchacho—. Quiso decir que daremos gracias a Dios cuando regrese, ¿verdad?

—Quiero expresar mi agradecimiento a Dios ahora —insistió y de nuevo cerró los ojos con reverencia.

—¿Tengo que agradecer a Dios de antemano?

—Sí —afirmó Elihu—. Dar gracias después, es gratitud. Agradecer de antemano, eso es fe.

# LA ETAPA DE LA LUZ (SALMO 23:1—3)

Pronto los campos recolectados que rodeaban la gran hacienda de Elihu habían sido espigados al límite. La ley autorizaba que los más pobres y también a los rebaños, aprovecharan lo que hubiese quedado tras la siega y el joven pastor exprimió ese recurso. Pero ya se había agotado y a los campos les esperaba el barbecho; tiempo de descanso en espera para que el suelo se regenere. Por otro lado, el monte al que tiempo atrás Yasser acudía con sus diez ovejas ya no proporcionaba pasto suficiente para su rebaño actual, por lo que se hizo imprescindible buscar otros prados. Antes de implicarse en el largo viaje que había previsto, decidió apurar las opciones más próximas, por lo que cada mañana, con sus ovejas y sus tres perros, tomaba un camino diferente en procura de terrenos fértiles, pues, como bien apunta la cultura del pastor: "La oveja cuanto más come, mejor cría". Antes y después de apacentarlo, acercaba el rebaño a un abrevadero donde las ovejas bebían y lamían las piedras de sal que allí encontraban.

Ese día llegaron a un vergel exuberante. La hierba fresca y jugosa, parecía empeñada en tapizar todo vestigio de tierra como una fresca alfombra verde fosforescente, cubriendo incluso piedras y rocas. No era una gran extensión, pero si suficiente para una jornada. Las ovejas ocuparon la dehesa pastando a placer mientras el sol comenzaba a asomar por el este.

Yasser se recostó sobre el grueso tronco de un viejo pino de Chipre. Admiró la enorme altura de aquel árbol que debía alcanzar los treinta metros. Las agujas de las ramas se mecían suavemente bajo la caricia de una agradable brisa; inspiró profundamente y recorrió el lugar con la mirada. Ante él tenía cuatrocientas siete cabezas de ganado, distintas cada una de ellas. Ovejas blancas, negras, algunas con cuernos, otras con mamellas. Las dóciles y fieles compañeras de sus inicios llevaban colgado al cuello un cencerro cuyo sonido guiaba al resto. Observó Yasser a los perros pastores, sus grandes ayudas, alejados del rebaño como era conveniente.

Sabía, al observarlos, que aquellos borregos no solo eran diferentes en aspecto, también lo eran en personalidad, y su deseo era no solo apacentarlos sino cuidarlos. ¡Qué lejos le parecía ese tiempo en el que con elevadas dosis de impertinencia se enojó con Obed por poner a su cuidado tan solo diez ovejas! Ahora, sintiendo sobre sí la responsabilidad de tantos animales, levantó la mirada al cielo y recitó el salmo de David. Al concluir oró:

—Buen pastor, pastoréame para que pueda pastorear. Aliméntame para que administre el alimento y sáname para lograr ser instrumento de sanidad.

Tomó entonces su *"ugab"*, la flauta que él mismo había construido con una caña de las orillas de un estanque, y comenzó a interpretar melodías. Al escuchar el dulce sonido de sus cadencias, muchas ovejas se aproximaron recostándose en la hierba cerca del pastor. La música tenía aires de adoración y enseguida un manto de quietud pareció posarse sobre ellos brindando una sensación muy próxima a la paz.

En aquella atmósfera reposada y apacible, mientras el primer sol arrancaba reflejos de la hierba perlada de gotas de rocío, Yasser cerró sus ojos y recordó:

—Esa primera parte del salmo —le había comentado Elihu en la biblioteca—, representa la primavera de la vida. Fíjate el perfecto escenario que el salmista describe: *Elohim es mi pastor; nada me faltará. En lugares de delicados pastos me hará descansar; Junto a aguas de reposo me pastoreará. Confortará mi alma; Me guiará por sendas de justicia por amor de su nombre…*

Hizo una pausa el rico comerciante y preguntó a Yasser:

—¿Se puede pedir más que eso? —él mismo se respondió—: verdes praderas, aguas tranquilas, alma confortada, sendas de justicia... Es imposible anhelar más.

—Ahora que conozco las necesidades que tiene un rebaño —repuso Yasser—, puedo asegurarle, señor, que lo que David describe en esas líneas es todo lo que una oveja necesita.

—Así es, hijo. Esas primeras palabras del salmo resumen la etapa de la vida en la que no tienes ni una sola pregunta, porque solo tienes respuestas. Un escenario en el que no hay necesidades, porque abunda la provisión. Todas las luces están encendidas y caminamos bajo el fulgurante sol de la vida...

Siguió haciendo memoria Yasser, y sonrió inconscientemente al recordar la manera como Elihu se incorporó de su asiento para acercarse a él y advertirle:

—En esa etapa de luz, hijo, no te enamores de la luz, sino del Dios que te la da —se inclinó hacia el joven como expresando urgencia por transmitirle su consejo—: Tenerlo a Él será infinitamente mejor que todo lo que Él pueda darte. Cuando conviertas Su corazón en almohada, despreciarás las almohadas de plumas. Si comes de Su mano, considerarás mediocres las cucharas de plata. Las Sagradas Escrituras contienen cientos de bellas promesas que Dios nos hace, pero si tuviera que elegir una yo me quedo con esa en la que dice: "Dios te pastoreará siempre".[16]

—En esa promesa se añade —puntualizó Yasser— que en las sequías saciará el alma y dará vigor a nuestros huesos...

—Sí, eso es verdad —interrumpió Elihu—, pero yo me quedo con la primera parte —y la repitió—: "Dios te pastoreará siempre". Él me pastorea... ¡Él! Con eso me quedo, porque es Él quien me ha cautivado; lo que pueda darme

---

[16] Isaías 58:11—12

luego es un añadido, un "además de", pero la esencia, el tesoro, la joya de la corona es Él mismo. Con eso me quedo.

Yasser estaba totalmente concentrado en las enseñanzas que Elihu transmitía. Aprovechando un silencio que hizo el comerciante para expresar una duda que tenía:

—¿Podría ocurrir que en algún momento me falte alguna cosa? Quiero decir, por el hecho de que Elohim me pastorea, ¿significa que siempre tendré lo que necesito?

La sonrisa de Elihu acentuó mucho las arrugas que nacían en las esquinas de sus ojos. La vejez quedó puesta de manifiesto, pero a la vez la ternura asomó con redoblada fuerza.

—Lo primero que conviene distinguir, es la gran diferencia que hay entre lo que quiero y lo que necesito —dijo—, el pastor está para suplir necesidades, no para complacer caprichos. Dicho esto, debo reconocer que pudiera darse el caso de que una necesidad no se vea satisfecha —admitió y enseguida matizó—, al menos no en el momento exacto en que deseamos verla suplida. He descubierto que Él está mucho más interesado en mi carácter que en mi comodidad, y el carácter suele forjarse con los momentos difíciles de la vida. Los triunfos complacen, los rigores curten y ejercitan. Es algo así como el gimnasio del alma.

—¿Es posible entonces que un día me siente ante un plato vacío?

—Lo es —admitió—. Del mismo modo que habrá jornadas en que a las ovejas les toque recorrer grandes eriales antes de llegar a los prados. Dime, ¿abandonas al rebaño en los tramos desérticos del camino?

—Por supuesto que no —replicó Yasser con firmeza—, es en ese momento cuando más me necesitan...

—¡Exacto! Lo mismo ocurre con Elohim. Tal vez un día en que te sientes delante de un plato vacío, lo que nunca ocurrirá es que lo enfrentes solo. Él estará contigo siempre.

En todo eso reflexionaba Yasser, cuando el ladrido de uno de los perros le sobresaltó trayéndolo del recuerdo. Al abrir los ojos vio que el Kelef Kanani —pastor de Canaan, perro pastor por excelencia capaz de sobrevivir en el desierto en climas extremos— color arena, con una amplia franja blanca que le surcaba el pecho, el vientre y los pies, ladraba inquieto mirando con fijeza hacia el cercano bosque de pinos y datileras. Pronto fue visible la sombra de un animal de grandes proporciones que se abría paso entre los árboles balanceándose pesadamente a uno y otro lado. El rugido disipó las pocas dudas sobre la identidad de aquella bestia: un gigantesco oso que se aproximaba amenazante. El plantígrado se detuvo, de modo que Yasser pudo apreciar su color pardo claro, las orejas redondeadas sobre una cabeza grande y las patas un poco más oscuras terminadas en amenazantes garras.

El pastor empuñó su honda cargándola con una piedra plana y afilada, mientras se aseguraba de tener a mano el garrote de madera con incrustaciones de roca filosa.

Al primer perro en alerta se unieron sus compañeros formando una defensa entre el oso y las ovejas; el temible *molossus* de pelaje negro, la más fiera de las razas conocidas, se puso un paso por delante de sus compañeros. Sus músculos en tensión parecían alambres de acero; mostraba los dientes gruñendo amenazante. Entre el *Kelef Kanani* y el *Molossus* se ubicó el galgo afgano, mucho más delgado y frágil que sus compañeros, pero cuya velocidad era imprescindible para alcanzar a una oveja lejana o en situaciones de emergencia. El oso, viendo la amenaza, se alzó sobre sus patas traseras, exhibiendo obscenamente sus casi dos metros de estatura. Alzando su enorme cabeza y ladeándola un poco, soltó un espantoso rugido que estremeció a Yasser pero no logró intimidar a los canes, sus fieles ayudantes. El debate se sostuvo varios minutos en los que la fiera rugió más, pero los dientes de los perros y sus furiosos ladridos lograron disuadir al plantígrado cuyo apetito no pareció suficiente como para enzarzarse en una pelea que pudiera resultar mortal, por lo que, poniéndose de nuevo sobre sus cuatro patas, giró sobre sí mismo y se alejó con su perezoso bamboleo.

Yasser notó su corazón desbocado. Miedo en estado puro, era lo que sentía. Los latidos se dejaban sentir en sus sienes y supo que pronto darían paso a un fuerte dolor de cabeza. Definitivamente la apacible primavera también podía verse salpicada de escenas violentas…

Cuando pasó el peligro, el perro *molassus* y el galgo se fueron de nuevo junto al rebaño, mientras el *Kelef Kanani* se acercó al pastor, orgulloso y juguetón. Parecía ser consciente de que había cumplido muy bien con su misión y de hecho era cierto, fue el primero en plantar cara al oso demostrando su temperamento. Yasser acarició aquella cabeza en forma de cuña, de orejas erectas de base ancha y punta redondeada, luego pasó la mano por el abundante pelaje color crema.

—Eres valiente, Kelef —le dijo, y el animal pareció asentir con un ladrido. Apenas levantaba cincuenta centímetros del suelo y no llegaba a pesar ni veinte kilos, pero en el cumplimiento de su deber, era capaz de hacer frente a una bestia de casi dos metros de altura y doscientos cincuenta kilos de peso.

# MEJOR ACOMPAÑADO

La luz del día se rendía al embate de la noche cuando Yasser y el capataz estaban reunidos en la casa de este, en lo que podía considerarse un encuentro de trabajo y planificación.

Frente a ellos, había dos humeantes vasos de aromática infusión de hierbabuena. Obed era experto en recolectar las hierbas más extrañas y desconocidas, que luego mezclaba obteniendo bebidas exóticas y deliciosas, pero con Yasser se había rendido, el joven era de lo más conservador, la hierbabuena era lo más arriesgado que aceptaba beber y nadie lograba sacarlo de ahí. Y si la infusión había sido preparada por Esther, como era el caso, entonces resultaba perfecta.

Mientras el joven paladeaba con placer el último sorbo de su vaso, Obed le entregó un pergamino de cuero.

—Míralo —le indicó—, y dime si lo entiendes bien…

Al desplegarlo vio un auténtico desorden de líneas, círculos y cruces.

—¿Qué se supone que debo ver? —preguntó Yasser, achicando los ojos e intentando descifrar aquellos garabatos.

—Es el itinerario que te propongo para conducir al rebaño en el viaje que piensas emprender —se inclinó sobre el pergamino para explicar—. He marcado con una cruz todos los puntos donde sugiero que pernoctes con las ovejas, pues allí suele haber pasto suficiente para dos jornadas —explicó.

—Algunas cruces son rojas y otras negras —comentó el joven.

—Muy buena observación —admitió Obed—. La cruz es roja en las dos paradas donde, para resguardar al rebaño, te será necesario construir un redil con rocas y zarzas espinosas. En el resto, marcadas con cruces negras, no es necesario levantar un redil, pues hay cuevas suficientemente grandes como para que las ovejas descansen a resguardo.

—Veo que el viaje termina en los Campos de Belén —con su dedo índice Yasser señaló la ubicación de la pequeña aldea en el mapa.

—En efecto —repuso el capataz—. Estimo que para el momento en que llegues estarán terminando de recoger las cosechas, por lo que las ovejas podrán rebuscar entre el grano que quede después de la siega.

—¿Habrá suficiente sembradío para cuatrocientas ovejas? —inquirió el joven.

—Hay suficiente como para cuatrocientos rebaños de cuatrocientas ovejas cada uno —sonrió Obed al afirmarlo—. ¿Por qué piensas que recibe el nombre de Bet—Lejem?

—"¡Casa de Pan!" —tradujo Yasser—. Claro, imagino que por sus cultivos de trigo...

—Y de cebada... —añadió el capataz—, también se fabrica pan de cebada, aunque solo lo coman los pobres.

Asintió el joven, sin levantar la mirada del pergamino, como intentando fijar en su memoria aquel dibujo.

—Toma —Obed le entregó otro pergamino de cuero enrollado—. Es una copia idéntica. Guárdalo bien. Yo me quedaré con este —dijo tomando el que se hallaba desplegado.

—¿Se queda con una copia?

—No me quedo con ella —sonrió—. La llevaré.

—¿La llevará? —miró a Obed—. No entiendo...

—Iré contigo, Yasser —le reveló—. Haremos juntos este viaje.

—¿Irá conmigo? —se sintió algo tonto al constatar que estaba repitiendo todas las frases del capataz.

—Es un viaje muy largo y algo peligroso, y, sobre todo, es tu primer viaje —explicó Obed—. No es prudente que conduzcas tú solo esa distancia a más de cuatrocientas reses. De hecho, suelen ser tres los pastores que conducen a un rebaño como este, pero carecemos de personal. Siempre estamos escasos de pastores —lamentó—. Los trabajos más humildes no cuentan con muchos candidatos...

—Elihu le ha pedido que me acompañe, ¿verdad? —dijo Yasser en tono dolido—. No se fía de mí...

—Fue justo al revés —replicó—, yo le pedí a Elihu acompañarte y debo decirte que lo aceptó con agrado, no porque el señor desconfíe de ti, sino por lo mucho que te ama.

—Creo que puedo hacer este viaje solo —repuso en su tono de víctima favorito—, duele un poco que no tengan fe en uno... He visto otros pastores con rebaños más grandes y van solos... Confían en ellos.

—Nadie duda de ti —Obed adoptó un registro severo—. ¿Con quién compites, hijo? ¿Por qué te comparas con otros? —se colocó frente asegurándose de que el joven escuchaba y entendía—. Ya hemos hablado de esto... déjame que te lo recuerde: no busques ser mejor que aquel, ni que aquel... Busca ser mejor que ayer.

—Sí, eso ya me lo dijo...

—Pues, vuelvo a decirlo, porque la afirmación está en la repetición —puso su mano sobre el hombro del joven—. No compitas con nadie, excepto contigo mismo. Nadie duda de ti Yasser, pero lo menos importante en este asunto es qué puedan pensar los demás acerca de ti. Lo realmente importante es qué piensas tú de ti mismo —con el pergamino plegado dio dos golpecitos en la cabeza del joven—. Deberías estar agradecido de contar con compañía. ¿Debo recordarte que en este oficio la soledad mata? Huye de ella como quien escapa de la peste. Hay pocos oficios tan propicios para el aislamiento como el de pastor, y a la vez, en pocas profesiones la soledad es tan nociva como en este. Recuerda siempre, muchacho, que quien está siempre solo, está en mala

compañía... Toma sorbos de soledad, pero huye de las so-
bredosis... Procura tener amigos y recuerda que con ellos
ocurre lo mismo que con los libros: no es necesario tener
muchos, sino tener los mejores.

Escuchaba Yasser con suma atención y de tanto en tanto
asentía, lo que animó al capataz a continuar:

—Irás delante del rebaño y yo a la retaguardia. Nuestros
tres perros nos acompañarán, y haremos un viaje próspero
y bendecido —sonrió Obed y sonreía bien—. Nunca olvides
esto: si viajas solo llegarás antes, pero juntos, llegaremos más
lejos.

Estaba aún oscuro cuando un concierto de balidos inundó
el frío ambiente. Obed y Yasser empujaban las ovejas fuera
del redil, listos para iniciar su viaje.

Los pastores se arrebujaban bajo sus capas de piel con el
vellón hacia adentro, pues la temperatura era baja y el viento
cortaba como un cuchillo. Los animales se apretaban unos
contra otros dándose calor mientras avanzaban. Por delante
tenían un largo camino y muchos retos que enfrentar, más
los pastores iban decididos a enfrentar lo que fuera para que
el rebaño encontrase alimento, salud y bienestar.

# LA ETAPA DE LA SOMBRA

Caminaron dos jornadas sin encontrar pasto. El paisaje parecía propicio; la tierra era feraz y pródiga, pero en ella reinaba el abandono y nadie la cultivaba. Sus redondeces eran las de una mujer a la que varón alguno fertiliza.

Por fin, a la salida de Jericó, llegaron a un valle donde se concentraba la humedad y las ovejas devoraron a placer la hierba que crecía abundante. El lugar era seguro y solo pernoctarían escasas horas, por lo que no se molestaron en levantar un redil.

Ubicaron a las ovejas en el centro y pastores y perros ocuparon posiciones estratégicas en torno al rebaño. Descansaron aquella noche y muy temprano retomaron el camino; fue a la caída de la tarde que se detuvieron ante unas imponentes montañas que frenaban su avance. Solo se divisaba un resquicio; una grieta como si una gigantesca hacha hubiera descendido con fuerza, abriendo la montaña de la cima a la base.

—¿Cómo vamos a seguir? —Yasser miraba a uno y otro lado, incapaz de distinguir por dónde continuar adelante.

—Solo hay un camino, y es ese —Obed señaló a la hendedura que se abría frente a ellos.

El joven pastor miró hacia aquella grieta, una abertura mínima.

—¿Es la entrada?

—La única —sentenció Obed.

Los topes de uno y otro lado estaban tan próximos que las cimas de la grieta casi se tocaban. Las ovejas intuyendo que el camino no sería agradable, se agolpaban a los lados de la entrada a aquel acceso, reacias a introducirse en el sendero cubierto de sombras.

Aunque el capataz no lo dijo, Yasser supo que estaban ante la entrada del valle de sombra de muerte respecto al cual Elihu le había advertido.

—¿Me permite que lo lea? —interrogó el joven.

—¿Leer? —quiso saber Obed—. ¿El qué?

—El salmo —explicó—; el salmo del pastor.

—Claro —repuso Obed—, pero no te demores. Conviene que crucemos el desfiladero mientras haya luz.

—*Elohim es mi pastor; nada me falta. En verdes praderas me hace descansar, a las aguas tranquilas me conduce, me da nuevas fuerzas y me lleva por caminos rectos, haciendo honor a su nombre. Aunque pase por el más oscuro de los valles, no temeré peligro alguno, porque tú, Señor, estás conmigo; tu vara y tu bastón me inspiran confianza.*

—¡Espera! —pidió Obed—, eso último, ¿puedes leerlo de nuevo?

—¿Lo último?

—Lo del valle oscuro… —concretó.

—*Aunque pase por el más oscuro de los valles* —leyó Yasser—, *no temeré peligro alguno, porque tú, Señor, estás conmigo; tu vara y tu bastón me inspiran confianza.*

—Ahora desde el principio…

—¿Todo?

—Sí —había urgencia en la voz del capataz—, hasta que llega el valle oscuro…

—*El Señor es mi pastor, nada me falta. En verdes praderas me hace descansar, a las aguas tranquilas me conduce, me da nuevas fuerzas y me lleva por caminos rectos, haciendo honor a su nombre.*

Yasser guardó silencio sin apartar la mirada del papiro. Cuanto más lo leía más lo amaba… Ni el recalcitrante balido de las ovejas lograba sacarlo de aquel mágico ambiente en que lo sumía la lectura de ese texto.

—¿Te has dado cuenta? —la voz del capataz rompió su reflexión—. En la primera parte de la composición David habla acerca del pastor: *El Señor es mi pastor... En verdes praderas [Él] me hace descansar... A las tranquilas aguas [Él] me conduce...* Y así todo el tiempo, hablando de Él, pero cuando aparece el valle, el enfoque de su declaración cambia y comienza a hablar directamente con Él.

Yasser se concentró de nuevo en la lectura comprobando lo que decía Obed.

—*Aunque pase por el más oscuro de los valles, no temeré peligro alguno, porque tú, Señor, estás conmigo; tu vara y tu bastón me inspiran confianza* —miró con asombro a su compañero—. Nunca lo había notado y eso que lo leí más de cien veces —Yasser clavó la mirada en las líneas mientras asentía con la cabeza—. Tiene razón, es como si en el valle ya no tuviera a nadie a quien hablarle del pastor, solo tiene al pastor para hablar con Él.

—¡Cierto! —admitió Obed—. Como si en la oscuridad todos se hubieran alejado pero el pastor, por el contrario, se acercase a la oveja de manera especial. No la abandona en el sendero difícil sino que se une más a ella. En el valle de sombra la relación se convierte en íntima comunión... De la proximidad a la intimidad... El pastor no se aleja en la sombra, ni se aleja ni la deja... Se ciñe a ella más y más. Pronto comprobarás que eso es cierto —miró a Yasser—. Verás como ahí adentro estaremos más cerca de ellas que nunca.

Mesaba su barba Obed, totalmente absorto en su meditación. Finalmente explicó:

—Dicen que el dolor es un atajo a la soledad. Que en la alegría llegan mil amigos sin convocarlos, pero en la desdicha no llegan ni aunque los convoques. A veces reprochamos a los demás su abandono en los tiempos difíciles, pero deberíamos ser conscientes de que el hecho de que no nos busquen en el dolor no significa necesariamente que no nos amén, con frecuencia significa que Dios nos ama tanto que nos quiere a solas en ese tiempo específico —su mirada estaba orientada a un punto indefinido como recordando—. Hay momentos en los que su trato requiere de la intensa comunión que proporciona la soledad. Lecciones tan profundas que deben impartirse cara a cara, solo Él y nosotros, cobijados en los pliegues de la intimidad.

Yasser mantuvo su mirada en Obed y repitió las últimas palabras que este había pronunciado:

—"El hecho de que no nos busquen en el dolor no significa necesariamente que no nos amen, significa que Dios nos ama tanto que nos quiere a solas" —asintió con varios movimientos de cabeza y con la admiración dibujada en los ojos—. Es hermoso lo que ha dicho; de una manera que parece haberlo vivido... ¿Lo ha experimentado?

—Es exactamente así en la vida —no pareció escuchar al joven, tan absorto estaba en su reflexión. O tal vez prefirió ignorar la pregunta—, ocurre en ocasiones que todos se marchan en los momentos oscuros, pero el pastor se queda a nuestro lado, más cerca que nunca. No se aleja, no... Se ciñe a nosotros como una segunda piel.

Yasser vio los ojos aguados del capataz y tuvo la seguridad de que su compañero estaba refiriéndose a una vivencia muy intensa y personal, pero no se atrevió a insistir en la pregunta. Recordó de pronto la forma como Elihu lo había interrogado: "¿No te habló Obed de ese valle? —Yasser notó que había sorpresa en Elihu cuando añadió—: ¿No te contó lo que allí...?".

"En ese punto se detuvo —recordó Yasser— como si se diera cuenta de que iba a decir algo inconveniente".

—Adentrémonos en la roca, no podemos demorarlo más... —Obed reaccionó de pronto sacando al joven de sus memorias. Los ojos del capataz brillaban de humedad; los limpió con el dorso de la mano derecha y comenzó a arrear las reses—. Pronto se esconderá el sol y este camino será como la boca de un lobo —lo escuchó decir.

El círculo naranja del sol coqueteaba con el horizonte cuando penetraron en el estrecho pasadizo. Enseguida la literatura se convirtió en literalidad; la indiscutible sabiduría práctica del salmo del pastor se puso de manifiesto, pues pastores y ovejas no se separaban ni un centímetro. Sentir el contacto del pastor infundía en los animales el valor necesario para recorrer el inhóspito túnel. Cuando alguna se detenía, tensa por el miedo, una caricia del pastor o una palabra de afirmación, la estimulaba para seguir avanzando.

Caminaban muy despacio. La oscuridad era densa y no podían prender antorchas, pues en el estrecho espacio el humo no tendría escape y podría intoxicarlos, además de que el fuego asustaba a las ovejas. Obed tanteaba el suelo con su largo cayado, identificando los desniveles y descubriendo huecos que se hundían en el suelo. Guiaba a las ovejas separándolas de las honduras detectadas, empujándolas hacia las zonas donde el suelo era firme.

Hubo recodos que tardaron mucho rato en salvar, ya que eran tan estrechos que las ovejas solo podían pasar de una en una.

Se detuvo Obed y llamó a su compañero que iba en la retaguardia:

—Yasser, ¡mira! —el capataz señalaba un saliente en las rocas. Unos tallos llenos de delicadas y pequeñas flores blancas emergían de la piedra. El color de sus pétalos era tan blanco que casi resplandecía en medio de la oscuridad.

—¡Qué flores tan espectaculares! —exclamó el joven pastor.

—Es el lirio del valle —explicó el capataz—, una de las flores más bellas y fragantes que existen… También de las más delicadas —añadió arrancando una de las varas cuajada de níveos pétalos—. Es tan delicada esta flor, que la luz del sol la quema, por eso crece únicamente en lugares sombríos y húmedos como este.

—Se me está ocurriendo algo —musitó el joven—, pero no sé si tiene mucho sentido...

—Seguro que lo tiene —lo animó Obed—. ¿Qué se te está ocurriendo?

—Que en la vida suele ocurrir algo muy parecido, es como si en los lugares más oscuros Dios hiciera crecer flores muy especiales.

—¡Bravo! —aplaudió Obed y los aplausos retumbaron en el angosto cañón—. Lo que acabas de decir nos recuerda que, cuando llegamos a los peores senderos de la vida, tenemos dos opciones: atravesarlos en medio de quejas o buscar esos tesoros que yacen ocultos entre los pliegues de las sombras.

—Leí en la biblioteca del señor Elihu unos escritos: los Cantares del rey Salomon —musitó Yasser—, donde hablaba del lirio de los valles y la rosa de Sarón.

—Cierto, yo también he leído la literatura que se atribuye al que fuera el tercer y último rey de la Monarquía Unida, antes de que nuestro territorio se dividiera en los reinos de Judá e Israel. Salomón duró cuatro décadas en el trono, creo que gracias a su increíble sabiduría —afirmó Obed—. El texto que mencionas es una maravillosa metáfora de la relación de Dios con el ser humano, basada en el matrimonio. En una declaración Dios dice ser la rosa de Sarón y el lirio de los valles —e inquirió— ¿Conoces Sarón?

—Nunca lo he visitado.

—Sarón es una extensa planicie cuyas primaveras son únicas y paradisíacas —había ensoñación en la voz de Obed—. Si caminas por Sarón en primavera, encontrarás lugares donde miles de flores alcanzan hasta tus rodillas. Podrás retozar entre colores en una mezcla vegetal simplemente deliciosa —calló un momento recapitulando y luego aventuró—: Interpreto esa parte del Cantar de los Cantares como que Dios afirma ser nuestra rosa cuando estamos en Sarón, es decir, estará en nuestra primavera gozando junto a nosotros de los momentos más dulces de la vida —un silencio repentino en su discurso anticipó que iba a cambiar de tema—. ¿Qué ocurre si no estamos en el paradisíaco Sarón, sino que nos hallamos en el valle? Él afirma ser el lirio de los valles, y eso significa que, si nuestra vida no es una exuberante primavera sino un inhóspito valle, también allí estará, poniendo pinceladas de color en nuestras noches más negras; dispuesto a enjugar lágrimas y a llorar a nuestro lado. No… Él nunca falta… Jamás nos deja… Ni tan siquiera se aleja.

Caminar y a la vez hablar en una atmósfera tan sofocante se hacía muy difícil. Obed guardó silencio e inspiró profundamente, como reponiendo la reserva de oxígeno que se había agotado en sus pulmones.

—¿Quiere que descansemos? —propuso Yasser notando el agotamiento del capataz.

—Avancemos un poco más —sugirió Obed—, pronto llegaremos a un punto donde el camino se ensancha. Allí suele haber algo de brisa, pues ya no queda lejos la salida del cañón y las paredes están más separadas.

En efecto, trescientos metros adelante comenzó a percibirse una suave brisa resucitadora. Las ovejas se pegaban a las rocas buscando la humedad e incluso lamían las paredes que exsudaban la condensación.

—¡Descansemos aquí unos minutos! —Obed se sentó en el suelo recostando su espalda contra la ladera rocosa—. ¿Puedes prestarme el papiro del salmo, por favor? Hay algo que me intriga —Obed lo leyó en voz alta con una mezcla de pasión y reverencia—:

*El Señor es mi pastor; nada me faltará.*

*En lugares de delicados pastos me hará descansar;*

*Junto a aguas de reposo me pastoreará.*

*Confortará mi alma;*

*Me guiará por sendas de justicia por amor de su nombre.*

*Aunque ande en valle de sombra de muerte,*

*No temeré mal alguno, porque tú estarás conmigo;*

*Tu vara y tu cayado me infundirán aliento.*

*Aderezas mesa delante de mí en presencia de mis angustiadores;*

*Unges mi cabeza con aceite; mi copa está rebosando.*

*Ciertamente el bien y la misericordia me seguirán todos los días de mi vida,*

*Y en la casa de Jehová moraré por largos días.*

Un gesto de serenidad se dibujó en su rostro al concluir la lectura.

—¿No te resulta hermoso? —la sonrisa acentuó las arrugas en las comisuras de sus ojos y Yasser pensó que, al igual que a Elihu, sonreír le sumaba años a Obed pero aumentaba su expresión de ternura.

—Cada día lo recito varias veces —confesó Yasser—, y siempre termino emocionado.

—La próxima vez que lo leas, intenta ver este salmo como un viaje que consta de tres etapas: la etapa de la luz, la etapa de la sombra y la etapa de la victoria.

Yasser recordó que esa misma sugerencia se la había hecho Elihu. Probablemente el capataz y el rico comerciante debatieron en el pasado acerca de esa bella oración de David.

—Están claramente diferenciadas las tres fases —siguió explicando Obed—; observa, el principio del salmo es la etapa de la luz:

*Elohim es mi pastor; nada me faltará.*
*En lugares de delicados pastos me hará descansar;*
*Junto a aguas de reposo me pastoreará.*
*Confortará mi alma;*
*Me guiará por sendas de justicia por amor de su nombre.*

—¿Te das cuenta? —hablaba con emoción en la voz—. Esas líneas pintan un cuadro donde todo lo bueno está presente: delicados pastos, aguas de reposo, alma confortada, sendas de justicia… Provisión, abundancia, luces encendidas… —en este punto la voz del capataz bajó varios tonos—; pero ¿qué sigue?

—*Aunque ande en valle de sombra de muerte* —declamó Yasser—, *no temeré mal alguno, porque tú estarás conmigo; tu vara y tu cayado me infundirán aliento* —y aventuró—: la etapa de la sombra, ¿verdad?

—¿Ves el cambio de escenario? —inquirió Obed—. ¿Dónde están los verdes prados? ¿Y las aguas de reposo? ¿Dónde queda el alma confortada? Ante nosotros se abre el valle de sombra… De repente, sin previo aviso, se apagan todas las luces y abre sus fauces el abismo oscuro de la vida.

—Pero el salmo no ha terminado —su voz se suavizó— pues queda una etapa —asintió Obed varias veces con movimientos de cabeza, había triunfo en su voz mientras declamaba—: *Aderezas mesa delante de mí en presencia de mis angustiadores; unges mi cabeza con aceite; mi copa está rebosando. Ciertamente el bien y la misericordia me seguirán todos los días de mi vida, y en la casa de Jehová moraré por largos días.*

Una nube de silencio los envolvió. Las notas finales del salmo parecían crear eco entre ambos.

—Esto es lo que me intrigaba y quería confirmar —manifestó Obed—. Justo detrás del valle de sombra aparece la mesa aderezada y la provisión abundante. Es exactamente igual que ocurre aquí —con su mano señaló hacia el tramo que les quedaba por recorrer—. Cuando lleguemos al final de este angosto cañón, encontraremos los mejores pastos de toda esta región. Dios premia la constancia de quienes no desertan en los sombríos valles de la vida.

—La etapa de la luz, la etapa de la sombra y la etapa de la victoria —recitó Yasser.

—La trayectoria vital de cualquier ser humano —concretó el sabio capataz—. No hay día, por más radiante que sea, que no concluya en una noche… Pero no hay noche, por tenebrosa que parezca, que no desemboque en un nuevo amanecer.

# CONSTRUYENDO UN REDIL

Retomaron el camino por el angosto cañón. Muy pronto vieron un diluvio de luz ingresar por la salida del túnel. Habían entrado al valle anocheciendo y ahora amanecía.

—¡Allí está la salida! —la voz del capataz sonó triunfal.

—¡Gracias a Dios! —exclamó Yasser.

Las ovejas respondieron con alborozo a aquel derroche de luz y brisa fría que llegaba desde el fondo del túnel. Los balidos tenían cadencia musical y las más expresivas saltaban haciendo cabriolas para expresar su contento.

La luz del alba comenzaba a dibujar el perfil de árboles y montañas cuando por fin estuvieron fuera. La noche fue larga y difícil pero, una vez más, quedó demostrado que el vientre de cada noche gesta un nuevo amanecer.

Yasser notó que su compañero guardaba silencio mientras recorría el paisaje con la mirada. Anduvo sin pronunciar palabra, como reconociendo el lugar, ensimismado y ajeno. Luego se echó al suelo y con su mano derecha, despeinó la alfombra de suculento césped que cubría la esplanada.

—¡Qué delicia pisar este pasto después de haber caminado sobre un suelo tan irregular y traicionero! —expresó por fin Obed. A Yasser no se le escapó que la voz del capataz había surgido quebrada de emoción.

Las praderas a las que llegaron no les decepcionaron. Los escarpados montes que habían dejado atrás frenaban el avance de las nubes reteniéndolas allí, proporcionando una apacible sombra que a menudo destilaba gotas de humedad. Un soplo manso casi constante mitigaba el calor, facilitando el crecimiento de hierba abundante. Las ovejas corretearon de aquí para allá por el campo, pastando y bebiendo luego a placer en un arroyo cercano.

Una oquedad en la montaña hizo exclamar a Yasser:

—¡Una cueva, estamos de suerte!

—Siento decepcionarte —refutó Obed— pero conozco esa gruta y es muy pequeña. No entrarían allí todas las ovejas y el lugar limita con un despeñadero. Es peligroso que en la noche el ganado quede suelto. Tendremos que construir un redil —continuó Obed—. Busquemos rocas que podamos apilar.

No resultó complicado encontrar piedras grandes en aquella región montañosa, como tampoco apilarlas hasta la altura suficiente para ofrecer seguridad, aunque la labor les tomó todo el día. Fue una jornada de trabajo pesado en la que agradecieron grandemente la suavidad del clima. Sin perder de vista un instante el rebaño, se emplearon a fondo arrastrando grandes rocas, amontonándolas hasta formar muros con ellas. Luego, sobre las rocas apiñaron espinos y ramas puntiagudas que disuadieran a los depredadores.

Al terminar, Yasser miró complacido el gran redil que habían levantado.

—Ahora sí que estará protegido el rebaño —afirmó.

—Nunca —advirtió Obed.

—¿Cómo dice?

—Nunca está plenamente garantizada la seguridad —advirtió Obed—. Cuando una fiera se siente acosada por el hambre, ningún muro es suficiente impedimento. El animal logra saltar y caer en medio de las ovejas.

—Entonces debe intervenir el pastor —supuso el joven con un escalofrío.

—Así es —admitió Obed—. Esa situación revela la diferencia entre el pastor que ama a las ovejas y el peón, que solo trabaja por el salario. El verdadero pastor defiende y protege al rebaño aun a costa de su vida. El peón, por el contrario, valora más su seguridad personal que el bienestar de las ovejas y usualmente huye del peligro.

Estaba Yasser preparándose para un refrescante baño en el arroyo cercano, pero al escuchar las palabras del capataz se empleó en acumular más espinos sobre el muro. Nunca sería de los peones que se marchan dejando a las ovejas en peligro, pero tampoco quería facilitar su labor a las fieras.

Cuando hubieron terminado de construir el corral llamaron al rebaño. Caía el sol ensombreciendo el paisaje y era prudente poner el ganado a buen recaudo. En cuanto las ovejas percibieron que era tiempo de ir a resguardarse, aligeraron el paso. El batir de los cencerros aumentó. Yasser se ubicó a un lado del espacio que hacía las veces de entrada y una tras otra fueron pasando, en orden y ante la atenta mirada de Obed que las iba contando para asegurarse de que estuviesen todas. Los dos pastores prestaban mucha atención para cerciorarse de que ningún animal estuviera herido.

Cuando todas estuvieron dentro, entonces sí, Obed y Yasser acudieron a darse un baño en un umbrío pozo de aguas calmas, pardas y silenciosas. No eran transparentes, pero sí saludables. Se zambulleron con placer, dejando que las frías aguas limpiasen su piel castigada por el duro trabajo. Sumergidos en el líquido vital, experimentaron la incomparable sensación de los músculos aflojándose.

A continuación, encendieron una pira sobre la que prepararon una rápida cena a base de sopa de gachas con hierbas olorosas, queso y frutos secos. Luego Obed se cubrió bien con la capa y se recostó en el vano de la puerta.

—Yo haré la primera guardia —dijo—. Nadie saldrá sin que lo note y tampoco nadie entrará al redil sin que me dé cuenta. Si quieres, puedes dormir en la pequeña cueva.

—No hace frío —señaló el joven—, descansaré aquí mismo.

—Está bien, me ocuparé de mantener el fuego vivo, la temperatura bajará durante la noche. Descansa ahora y dentro de cuatro horas, te despertaré para que me sustituyas.

Observó Yasser que el capataz tenía a su lado la vara y el bastón de protección. Junto a ellos reposaba la honda y una bolsa con varias piedras cuidadosamente seleccionadas que actuarían como proyectil en el caso de ser necesario.

—¿Siempre que sale con el rebaño hace lo mismo?

—¿A qué te refieres?

—¿Pasa la noche en ese incómodo lugar? —señaló al espacio que hacía las veces de entrada al redil el cual Obed había convertido en aposento—. Es difícil descansar ahí...

—El objetivo de este lugar no es descansar, sino de velar a las ovejas —puntualizó Obed con simpatía—. Cuando veas a uno de tus corderos entre las fauces de un lobo o bajo las garras de un oso, nunca volverás a ser el mismo. El dolor es similar al que podrías sentir si esas fieras estuvieran desgarrándote a ti mismo —había ardor en sus palabras—. Entonces no te importa si duermes o no... Lo que quieres es que nada ni nadie dañe a tus corderos.

Yasser asintió, conmovido por el alegato de Obed. Cerca de aquel, pero también cerca del fuego, dispuso lo que sería su lecho poniendo una manta sobre el suelo, una piedra que usaría a modo de almohada y su capa de pastor que le serviría para cubrirse.

La noche era perfecta en su quietud. Yasser inspiró profundamente sintiendo que sus pulmones se llenaban de aire a la vez que su alma se henchía de paz. El día había sido duro, pero definitivamente positivo. Entre praderas, aguas de reposo y el alma confortada. Atrás quedaba el valle de sombra de muerte y, lo más importante, ya fuera en el valle o en la exuberante pradera, Yasser se sabía pastoreado.

Antes de dormir desplegó el papiro y con la luz que le proporcionaba una radiante luna llena, convirtió el salmo de David en una ferviente oración.

Luego sí, cerró sus ojos y se dispuso a dormir.

Mañana sería otro día. Quizá fuera domingo o tal vez lunes. No lo sabía ni tampoco le importaba; para él sería otra jornada para servir y amar... Y eso le hacía feliz.

La voz de Obed llegó a él, quebrando el rotundo silencio que llenaba la noche:

—Y afortunadamente no estamos en época de partos, si fuera así, tendría que acercarme a cada rato con el candil a ver si alguna oveja ha parido en medio de la noche.

Las palabras lo alcanzaron solo a medias, pues ya estaba sumido en un sopor de duermevela.

Un rato más tarde Yasser dormía y Obed velaba.

Muy cerca el terror había instalado plaza, aunque ellos lo ignoraban. Lo irremediable se había posado cerca, aunque ninguno de los dos sabía esto y eso les obsequió una noche en calma.

# LUNES NEGRO TRAS DOMINGO DE GLORIA

Yasser que había hecho la segunda guardia, aprovechó la lumbre para calentar leche que él mismo ordeñó de una oveja, y puso también al fuego unos trozos de queso.

Dispuesto el desayuno, y viendo que el sol comenzaba a insinuarse en lontananza, despertó a Obed.

—Hoy será un día despejado —barruntó el capataz disfrutando de la leche lo mismo que del queso fundido—. ¿Te das cuenta de la cantidad de hierbas que crecen en este paraje? Ninguna es igual a otra…

—Sí, hay mucha maleza. La zona próxima a los montes está llena…

—No es maleza —advirtió Obed—. Cada una de esas hierbas aparentemente malas, tiene propiedades medicinales. Dios nos ha colocado en el corazón de una botica. No —repitió Obed con convicción—. No es maleza, es medicina.

—Nunca lo hubiera pensado —observaba Yasser el entorno recreándose en la variedad y belleza del lugar—. Es admirable. Dejemos entonces que el ganado aproveche esta botica. ¿Quiere que saque a las ovejas? —se ofreció Yasser.

—Sí, déjalas libres, que pasten a placer mientras el rocío mantiene húmeda la hierba.

Diez minutos después, la pradera se llenaba de balidos y del tañer de los cencerros mientras las ovejas pastaban y disfrutaban el frescor del nuevo día.

El día había amanecido radiante y amigable, pero… nunca lo hubiese hecho. Una menuda nube que por momentos velaba graciosamente al sol, se hinchó de repente, se oscureció, y sin darles tiempo a comprender qué sucedía, el espacio se hizo agua, la tierra barro; el caminar, carreras y estas resbalones…

Una lluvia espesa, rugiente, sombría y despiadada, se desplomó sobre ellos. Todo fueron galopes, traspiés y caídas. El cielo tronaba como si fuera a venirse abajo y las ovejas huían a todos lados despavoridas.

Fue en el momento peor y el lugar menos apropiado, pues las verdes praderas lindaban con abiertos despeñaderos. Los pastores vieron como varios corderos, asustados por el bramar del cielo y el diluvio repentino, se despeñaban en la huida.

Yasser corrió hacia ellos.

—¡Detente! —gritó el capataz. Giró Yasser y le vio… Obed lo llamaba desde lejos haciendo bocina con las manos—. ¡Detente! ¡Cuando escampe las buscaremos! ¡No te acerques al barranco o caerás con ellas! —parecía fuera de sí por la manera como gritaba—. ¡Vamos a resguardarnos a la cueva! ¡Traeremos con nosotros a los borregos y el resto al aprisco!

No pudo acabar la frase…

Un sonido atronador reventó el cielo a la vez que un rayo hacía diana en un árbol cercano. Se trataba de un pino negro de extraordinaria altura; su madera era la más dura conocida, aunque nadie lo diría cuando, bajo la descarga eléctrica, quedó convertido en humeantes astillas. Aquel pino estaba cerca de Obed… demasiado cerca.

Yasser, paralizado, vio cómo su mentor salía despedido volando varios metros por los aires, antes de estrellarse contra el suelo quedando tendido en posición propia de un contorsionista.

Una lluvia de madera se precipitó violentamente sobre el cuerpo dejándolo semienterrado.

—¡Obed! —clamó Yasser a quien el terror había congelado y era incapaz de mover un pie de donde estaba—. ¡Obed! —debió gritarlo más de diez veces completamente aterrado. El veterano pastor no respondía. Ni un solo movimiento se percibía en el cuerpo inerte cubierto de astillas.

El joven logró sobreponerse al pánico que lo había congelado y corrió hacia el lugar. Con desesperación retiró las ramas y los pedazos de madera humeante que aplastaban a su amigo. El cuerpo del capataz quedó al descubierto y el de Yasser estremecido. La imagen era brutal: Obed era un muñeco de trapo, desmadejado, inerte, quemado, destruido...

Supo que su amigo no se encontraba allí, solo la carcasa de su cuerpo yacía destrozada sobre el suelo. Quebrado en llanto se dejó caer sobre el pecho de Obed y fue cuando notó una tenue y frágil respiración. Alzó la cabeza, buscando la mirada del pastor.

A pesar del aguacero eran visibles las lágrimas que, mezcladas con la lluvia, resbalaban por las mejillas de Obed. En ocasiones había observado los ojos de su amigo humedecidos, pero jamás lo había visto llorar. Lo hacía ahora seguramente a causa del dolor o tal vez por la forma tan absurda en que le tocaba abandonar la vida, alcanzado por un rayo. Con enorme dificultad el veterano pastor alargó su mano y estrechó la del joven. Con un sollozo que parecía un ronquido de tan hondo, apretó Obed los dedos de su amigo; tanto, que le hizo daño.

—¡Cuídalas! —musitó... y lo repitió en tono de súplica—: ¡Cuídalas! Ámalas al punto de dar tu vida por ellas...

Volvió a presionar la mano de Yasser unos segundos aflojando enseguida y su brazo cayó, quedando inerte sobre su cuerpo herido.

Yasser buscó latidos en el cuello de Obed, en su muñeca, se echó luego sobre el pecho del amigo y pegó el oído allí buscando algún signo de vida...

Obed había muerto.

El cielo, inmisericorde, seguía retumbando y las ovejas desgañitándose presas de terror.

Yasser arrastró el cuerpo hasta la cueva. El cielo continuaba vertiendo sobre él sus cataratas, calando su cuerpo y empapando su alma. Lloró y gritó mientras transportaba el cadáver de su amigo. Lluvia y lágrimas formaban ríos en su cara.

Buscó luego a las ovejas... "Cuídalas —había pedido Obed—. Ámalas al punto de dar tu vida por ellas". No esperaría a que escampase para aventurarse al despeñadero. Ya lo sabía, un minuto podía ser la diferencia entre la vida y la muerte. Reunió en la cueva a los corderos y en el redil al resto.

Faltaban diecisiete...

Apartando de sus ojos la cortina de agua que le impedía ver se aproximó al barranco. Balidos lastimeros venían de aquel abismo, pero una niebla tan densa que parecía sólida impedía ver el fondo. La negrura del cielo se reflejaba abajo, cubriendo toda imagen.

Entendió que bajar en ese instante sería inútil y demasiado peligroso; representaba un suicidio. Supondría lanzarse a una muerte segura.

Bebiendo lluvia del cielo y de sus lágrimas, regresó a la cueva y se apostó en la entrada, protegiendo con su cuerpo a los corderos delicados y mirando al resto del rebaño guardado en el corral, tras la cortina de niebla.

Una hora o poco más debió transcurrir cuando, de forma igual de repentina, como si una mano gigantesca lo borrase todo, las nubes se marcharon y un sol rabioso se hizo dueño de la escena.

Yasser cerró el acceso a la cueva con grandes rocas e hizo igual con el redil. Asegurados los animales, se dirigió al acantilado en busca de las caídas. Con sumo cuidado fue descendiendo unos ciento cincuenta metros. Allí estaban las que faltaban; heridas unas y algunas gravemente malheridas, pero todas vivas.

Nunca supo Yasser cómo logró subirlas ni qué hizo para llevarlas al refugio y aplicar aceite y bálsamo sobre los cortes y llagas, ni cómo tuvo energía para mover las enormes rocas y cerrar de nuevo la boca de la cueva. Tampoco supo de dónde le vinieron las fuerzas para correr, correr y correr.

Atravesó de nuevo el valle de sombra de muerte, sorteando hendiduras y abismos.

Sus piernas sangraban, lo mismo que los brazos. Tardó tiempo en darse cuenta de que tenía tres dedos de la mano izquierda rotos a causa del imposible esfuerzo de alzar diecisiete cabezas de ganado desde el abismo. No le quedaba ni una uña. En su lugar solo había llagas abiertas que sangraban por haber convertido los dedos en garfios para alzar a las ovejas del fondo del despeñadero. Sentía calambres en las extremidades.

Entre ríos de sudor y torrentes de lágrimas, alcanzó a ver su destino. El conjunto de edificaciones que componía la hacienda de Elihu, se recortaba en el horizonte, marcándole su meta. Eso le permitió sacar los vapores que quedaban en su depósito de reserva para volar a su destino.

Fue el mayordomo quien, alarmado por la insistente llamada, abrió la puerta. La visión lo dejó petrificado. Ante él se encontraba un ser venido a menos, casi un despojo. Llevaba las sandalias desgarradas remendadas con una cuerda. Sus bronceadas piernas arañadas y heridas con llagas en muchos lugares. Un andrajoso delantal de lana de oveja rodeaba su cintura. Sus ojos, enrojecidos por el sol, parecían arder desde muy dentro.

El largo cabello, apelmazado por la lluvia y el sudor, parecía una masa de color indefinido, adherida a la frente, las mejillas y el cuello.

—¿Puedo pasar? —la voz del visitante era un extraño sonido gutural, mitad gemido mitad súplica.

Aterrado ante aquella aparición que parecía llegada de ultratumba, el criado cerró con rapidez la pesada puerta de madera de roble y corrió a avisar a su señor de que un extraño aguardaba afuera.

Cuando Elihu llegó, el visitante, o lo que quedaba de él, yacía en el suelo bajo el techado de mármol que protegía la entrada de los afilados rayos de sol. Solo la parte posterior de las heridas piernas, la andrajosa ropa y el sucio y enredado cabello, quedaban a la vista del rico comerciante.

—¿Quién eres? —interrogó Elihu con gravedad.

El ser que languidecía en el piso no tenía fuerzas para hablar; solo logró alzar un poco la cabeza, pero fue suficiente. Aquellos ojos abrasados, hinchados y llorosos, eran, sin embargo, inconfundibles para Elihu:

—¡Yasser, hijo mío! —se arrodilló junto a él y pasó su mano por el rostro quemado que presentaba heridas abiertas—. Hijo mío, ¿qué te ha ocurrido?

—Estoy bien —solo salía de su garganta un ronquido difícil de interpretar. Se esforzó hasta la agonía para añadir—: Estoy bien porque ellas están bien… Obed no… Él no está bien… —boqueó varias veces como intentando decir algo más y solo un suspiro subió por su garganta… O tal vez fuera un estertor, porque cerró los ojos y su cabeza se desplomó sobre sus brazos llenos de heridas que descansaban en el suelo.

Todos los pájaros cantaban al día nuevo, alborozados y a coro.

El sol se alzaba entonando su himno de oro. Elihu, sin embargo, lloraba sin consuelo abrazado a Yasser. Su llanto, entre hipos y sollozos, movía a la compasión más genuina.

Era lunes, ese día…

Un lunes negro tras el domingo de gloria en que Obed y Yasser habían llegado a las praderas más suculentas de toda la región.

# CON VIDA, PERO SIN GANAS DE VIVIR

Las siguientes jornadas y semanas no fueron fáciles para nadie en toda la hacienda. El luto se había instalado con una ferocidad incuestionable y hasta las ovejas parecían más silenciosas que de costumbre, extrañando sin duda, a aquel hombrecillo tan recogido por fuera como inmenso por dentro que las amaba de forma evidente y se empeñaba a diario en que cada animal lo supiera.

Séfora y Esther se recluyeron en la casa. La una viuda y la otra huérfana no tenían ningún deseo de pisar los caminos que habían recorrido junto al ser que amaron con todo el corazón. Por supuesto que no se acercaban a los corrales, pues cada una de aquellas ovejas gritaba en silencio una historia de la que Obed era protagonista.

La situación de Yasser no era mejor, al contrario, se agravó tanto su estado que a punto estuvo de seguir la vía del capataz, pues algunas heridas derivaron en severas infecciones para las que no se encontraba cura. Elihu contrató a los mejores médicos del país. Para tres de ellos preparó estancias en el palacete, de modo que vivieran allí y velaran por turnos al joven. Ni un minuto estuvo solo durante la época más crítica.

Transcurridas varias semanas y, contra todo pronóstico, Yasser se recuperó. Las heridas del cuerpo fueron sanando, aunque dejarían horrendas cicatrices. Otra cosa serían las del alma.

Quedó con vida, pero sin ganas de vivir. Vio cuánto le quedaba por delante, como un vacío gris y sin relieve por el que no le apetecía en absoluto andar.

Emergió de aquella crisis cubierto de una coraza impenetrable. Nadie lograba sacarle una palabra. Quebrado por el dolor decidió sumirse en un inexpugnable fortín emocional, inaccesible para los demás mortales.

Se recluyó en una cabaña cerca de los rediles y no aceptó regresar a la mansión de Elihu por más que este le suplicara. Sus padres también le rogaron volver al hogar, de ese modo estarían más cerca para poder atenderle. Yasser no aceptó distanciarse de los rebaños.

Quienes se acercaban a los corrales le veían aferrado al escobón de Obed, amontonando boñiga y excrementos como lo hacía su jefe, con la diferencia de que Obed mantenía viva siempre una sonrisa y el gesto de Yasser era un rictus de amargura.

Sus padres lo velaban y cuidaban, y Elihu lo visitaba a diario, pero una alienación total parecía haberse apoderado del joven. Un embeleso, un total ensimismamiento lo mantenía absorto, vagando en un estado del que nadie lograba sacarlo, como tampoco hacerle pronunciar palabra. Vivía con una terrible tormenta interior, por eso con frecuencia le llovían los ojos y algunas otras veces, le rugía la mirada.

Meditó mucho en esos días en que "recordar", del latín *recordis*, significa "volver a pasar por el corazón…". No lograba sacarse a Obed de la cabeza. Era incapaz de borrar la imagen de la atroz tempestad que los sorprendió en el prado y del fatídico rayo… No conseguía sacarlo de su cabeza porque no lograba apartarlo de su corazón.

Desesperada Adaia habló con su marido:

—Nuestro hijo necesita ayuda y Esther es la única que puede ayudarlo —las palabras surgían impregnadas en angustia—. Solo ella puede hacer algo por nuestro hijo. Yasser hablaba mucho de Esther y una madre sabe bien cuando el corazón de su hijo radia de modo especial al pronunciar un nombre.

Ese mismo día hablaron con Esther. Aunque al principio ofreció resistencia por estar rota de dolor, finalmente, al ver la desesperación en los padres de Yasser accedió a visitarlo. Llegó a pensar, incluso, que hablar con él sería también beneficioso para ella. Por más que se había aislado del mundo, nunca pudo dejar de pensar en el joven que, sin su permiso, había invadido su corazón.

# SANANDO CON BÁLSAMO DE AMOR

Llegó muy temprano a la cabaña de Yasser, pero este ya deambulaba por los corrales. Iba antes de que los pastores sacasen al ganado. Ni un solo día dejaba de cuidar a su rebaño. No podía llevarlas a pastar, pero antes de que los jornaleros lo hicieran, él pasaba un rato hablando con sus ovejas. Luego, cuando regresaban del campo, él mismo se ocupaba de contarlas y revisarlas minuciosamente al meterlas al redil.

—Hola Yasser —la chica saludó tímidamente.

El joven que, envuelto entre balidos y campaneos de cencerros no la había escuchado llegar, se giró al oír su voz y quedó congelado ante la imagen de la chica a quien hacía muchas semanas que no veía.

—Hola, Esther —logró articular tras un tiempo que pareció infinito.

—¿Cómo estás?

—Algo mejor…

—¿Te molestan aún mucho las heridas?

—No mucho…

La conversación era lenta y forzada, pero no porque les faltase interés, sino porque les sobraban sentimientos y estos eran de tal calibre que hacían que cada palabra pesase mucho. Actuaban además como telaraña emocional, en la que quedaban enredadas las expresiones que ambos hubieran querido dedicarse. Ella, un poco más espontánea, consiguió armar una frase:

—Aún son muy recientes las heridas de tus uñas —comentó observando las manos del chico—. Debes tener cuidado porque en este ambiente pueden volver a infectarse.

—Suelo cubrirme las manos para estar aquí, pero hoy se me olvidó…

—Me dijeron que también te heriste las piernas.

—Sí, bastante —alzó su túnica solo un poco, lo suficiente para mostrar varias cicatrices—. Ya han curado, aun así las protejo lo mejor que puedo; sé que los corrales no son lugar muy limpio. Lo peor es el dolor muscular en dedos y piernas. Tanto tiempo de inmovilidad hacen que algunos músculos se hayan agarrotado.

—Si quieres puedo ayudarte con algunas terapias una vez al día —ofreció Esther.

La propuesta penetró como fuego por los oídos del chico y se posó en su corazón, inflamando cada fibra de ese músculo que adquirió un ritmo galopante.

—Estudié algunas técnicas antiguas y las he utilizado con algunas ovejas heridas —justificó tímida Esther, que había interpretado el silencio de Yasser como signo de desconfianza—, no creo que sea tan diferente con los humanos.

—Lo… Lo… agradecería —tartamudeó sintiendo que aquel fuego interior abrasaba también sus mejillas.

Desde ese momento Esther lo visitó para aplicar las terapias, lo cual propició que por dos semanas se vieran a diario.

El primer día le ayudó a mover los dedos que se habían roto y cuyos huesos ya habían soldado.

—Dolerá un poco —avisó con una voz menuda que ya se disculpaba—. Pero es un dolor para sanidad.

Yasser sintió fuego en las articulaciones, pero el que abrasaba bajo sus costillas al mirar a la joven le distrajo del ardor que había en sus manos.

—¿Dónde ocurrió? —le preguntó ella la segunda mañana de curas.

—¿Perdón? —la pregunta le sonó imprecisa.

—Lo que pasó cuando mi papá… —no encontró alternativa para evitar mencionar la muerte—. ¿En qué lugar sucedió?

Hasta ahora nunca habían hablado de la tragedia. Ni entre ellos ni con nadie. Como si hubiesen creado un pacto de silencio que prohibía abordar el atroz episodio. Solo ahora Esther optó por traer el tema. En ese instante mantenía una compresa humedecida en alcohol sobre un desgarrón en la pierna derecha de Yasser que se veía muy enrojecido, y lo miraba a los ojos aguardando respuesta.

—Fue en los prados a la salida del valle de sombra…

—¿Qué has dicho? —un gesto de pavor desfiguró el rostro de Esther y el paño con el que hacía las curas cayó al suelo. Sin perder un ápice de su belleza las facciones de la chica mostraron algo cercano al terror—. ¿Qué has dicho? —repitió.

—¿Qué te ocurre, Esther? —inquirió Yasser preocupado.

—¡No puedo creer que fuera allí…! —el labio inferior de la chica temblaba.

Yasser tomó con las suyas las manos de Esther.

—Me estás preocupando —le dijo mirando sus ojos que repentinamente se habían llenado de agua—. ¿Qué dije que te hizo ponerte así?

—Mi madre murió cuando yo era muy niña… —comenzó a relatar.

—¿Tu madre? —Yasser entrecerró los ojos con extrañeza—. He visto a Séfora estos días… Ella está en tu casa, aquí cerca. ¿Por qué dices que murió? —¿Estaría Esther trastornada por el dolor de la muerte de su padre?

—Séfora no es mi madre… Al menos no mi madre biológica… Ella murió cuando yo tenía dos años.

—¿Entonces, Séfora…?

—Papá se casó con ella cuatro años después de que Raquel, mi mamá, falleciese.

—¿Cómo murió? —inquirió Yasser—. ¿Qué le ocurrió?

—Acompañó a papá en su viaje —había tomado asiento junto a Yasser y mantenía la mirada fija en algún punto

indefinido como buscando la fortaleza para seguir hablando—.
Mamá no quería que él cruzase solo ese valle tan difícil...

—El valle de sombra de muerte... —repuso Yasser casi
en un susurro.

—Cuando salieron de ese espantoso lugar y llegaron a los
prados, se desató una terrible tormenta, al parecer es algo
que allí sucede a menudo. Los corderos huían despavoridos y
mamá corrió a buscar a un corderillo que, asustado, se aproximaba al despeñadero —la voz bajó varios tonos y el rostro
de la chica adquirió el tono de la ceniza, su labio inferior
temblaba ostensiblemente—. Consiguió alcanzarlo... pero el
animal estaba asustado, se resistía y forcejeaba. El suelo estaba
resbaladizo y el abismo demasiado cerca... Los dos cayeron
al precipicio. Papá encontró a mamá abrazada al animal. El
corderillo vivía, pero ella no...

Un llanto convulso usurpó el lugar de las palabras y Yasser
abrazó a la joven. Nunca le había parecido tan vulnerable ni
tan necesitada de protección. Sintió que la amaba con el alma
y quería cuidarla siempre. Sin romper el abrazo Yasser cerró
sus ojos como si hubiera recibido un impacto insoportable;
y de hecho lo había recibido. Al calor del relato de Esther
imágenes fugaces cruzaron por su mente con la velocidad del
relámpago: los ojos aguados de Obed antes de entrar al valle
de sombra y su mutismo cuando salieron de él. La pequeña
figura del capataz arrodillado sobre el pasto despeinando con
su mano la alfombra de césped. Su voz quebrada por la emoción... Y lo que luego llegó: la mínima nube que fue engor-
dando hasta ennegrecer el cielo. La repentina tormenta, las
carreras y tropezones. La desesperación de su compañero,
mentor y maestro, gritándole enloquecido: "¡No te acerques,
no te acerques, no te acerques, no te acerques...!". Luego el
rayo que partió el cielo y trituró el árbol... Obed despedido
como un muñeco de trapo... La mirada languideciente del

capataz y su voz, suplicándole mientras se iba: "Cuídalas...
Ámalas...".

Recordó también la conversación que mantuvo con Obed;
cuando se refirió a las etapas sombrías de la vida y los tiempos
de soledad y que Dios nos ama tanto como para tenernos solo
para Él.

—Comprendo ahora muchas cosas —la voz de Yasser era
un susurro—. Siempre me dijo que hay que ayudar a los
demás, pero cuidándonos de no ir con ellos al abismo. Ten-
derles la mano sí, pero sin despeñarnos con ellos, pues de ese
modo no podremos ayudarles, solo acompañarlos en la caída.

Esther había retornado a aplicar bálsamo a las heridas de
las piernas.

—Nunca seré capaz de sacar de nuevo a las ovejas.

—Lo serás...

—Tengo miedo —confesó Yasser lo que Esther ya sabía—, no tanto de lo que pueda ocurrirme, sino de lo que
pueda recordar mientras viajo con ellas.

—Ellas fueron razón suficiente para que dejases un palacio, serán también motivo para que abandones tu prisión de
temores.

—¿Cómo puedo hacerlo? —el joven suplicaba una respuesta.

—Dando el primer paso —las palabras destilaban amor en
estado puro.

—¿Qué quieres decir?

—Es una lección de mi papá: "Da el primer paso; no te
llevará hasta el lugar al que quieres ir, pero te sacará de donde
no quieres estar".

—Es admirable esa sabiduría...

—¿Te diste cuenta de que los médicos que te curaron, lo
primero que hacían era limpiar bien la herida antes de aplicar
el ungüento y taparla?

Yasser asintió en silencio.

—El miedo nos lleva a cubrir la herida sin limpiarla, pero eso solo provoca que se infecte. Es necesario limpiar el desgarrón aunque duela… Solo cuando esté limpio sanará.

Yasser miró como la chica seguía moviendo con pericia y delicadeza sus miembros dañados. Admirado de su belleza y de sus palabras. Sin duda había heredado la sabiduría de su padre y seguramente la belleza de su madre.

Lentamente aproximó su mano hasta posarla sobre la de Esther. Ella no la retiró permitiendo que los dedos de Yasser envolvieran los suyos. Eran los dedos del joven los que ahora extendían el bálsamo sobre la piel de Esther, sobre el dorso de la mano y luego sobre el antebrazo.

Lo miró Esther y en su sonrisa Yasser descubrió lo que durante toda su vida había estado buscando. Aplicó una ligera presión a los dedos de la chica justo antes de que ella llevase su otra mano a la mejilla del joven, acariciándolo con ternura.

"¿Será una descarga eléctrica como ésta la que mató a Obed? —pensó Yasser al percibir un escalofrío que lo recorría desde la raíz del pelo en su cabeza, hasta las uñas de los pies—. No me importaría morir así… El cielo tiene que ser muy parecido a esto…".

El ruido de unos pasos hizo que regresaran a la terapia.

# EL REGRESO

Era de suponer que tras la tragedia ocurrida no sería sencillo que las personas que amaban a Yasser permitieran fácilmente que viajase con el rebaño lejos de las inmediaciones. No veían problema en que apacentase en los escasos prados que rodeaban la hacienda, pero el problema surgió cuando anunció que llevaría al rebaño hasta los Campos de Belén.

—Necesito enfrentar el temor y vencerlo —explicó—, debo recorrer ese camino de nuevo y quiero llegar hasta Belén. De otro modo cargaré con este miedo toda mi vida.

Sus padres le rogaron, le suplicaron, incluso le prohibieron y utilizaron todos los recursos a su alcance para disuadirle de volver a los rebaños.

Por su parte Elihu le recordó lo feliz que sería manteniendo su biblioteca y asumiendo poco a poco el control del próspero emporio.

Todo fue inútil. Lo que alentaba el empeño de Yasser no era un capricho, sino una auténtica pasión. El pastoreo jamás fue para él una profesión, sino un llamado que se hizo la razón de su vida. Al fondo persistía el eco de las palabras de Obed: "Amalas al punto de dar tu vida por ellas".

Luego de una ausencia de Esther por estar en "*niddá*"[17] y no poder acercarse a él, Yasser le dijo:

—He tenido mucho tiempo para pensar en estos días. Volveré a sacar a los rebaños…

—Ya me lo dijo mamá…

—¿Qué piensas de eso?

—Me preocupa… —confesó Esther.

---

[17] Término hebreo que describe a la mujer durante su menstruación, días en que es considerada impura.

—No debes preocuparte —aseguró Yasser—, tendré cuidado.

—Sé que lo tendrás y también que nada malo va a ocurrirte —tardó Esther en componer la siguiente frase y demoró más en pronunciarla—: Lo que me preocupa es que estaré tiempo sin verte y eso me entristece. Esta semana de encierro ha sido mortificante solo porque no podía verte.

—¡Cuánto te amo, Esther! —una sensación mezcla de muchas avivó las emociones del muchacho cuando la joven se acercó a tocar con sus labios los del chico. Fue solo un roce de apenas un segundo, pero él sintió que toda su vida se resumía en ese instante. Su boca se secó y sus manos se empaparon.

Comenzaba la tercera semana de Diciembre cuando Yasser lo disponía todo para emprender viaje.

Extender el pergamino que mostraba la ruta, le obligó a revivir lo ocurrido con Obed. Ante el plano desplegado comprendió que tenía miedo… la emoción más difícil de manejar. Al dolor lo lloras, la rabia la gritas, pero el miedo te atrapa silenciosamente hasta inmovilizarte. Ni lloras, ni gritas, ni ninguna otra cosa.

Aun así, nada logró apartarlo de su objetivo.

—Hice todo lo que pude por disuadirte —reconoció Elihu—, y ha sido inútil. Estoy convencido de que, en la paz o en la guerra, hay instantes en que cualquier persona es irrefrenable; si aplica su absoluta voluntad a un fin y a ese mismo empeño suma su fe, consigue lo que quiere sin que valgan intentos de disuasión ni obstáculos que intenten arredrarla —mientras esto decía, Elihu posó una mano sobre el hombro del joven—. Lograrás lo que siempre has querido, volverás a ser pastor de mis rebaños.

—¡Gracias, señor! —en un impulso descontrolado, Yasser abrazó a Elihu.

—¡Perdón, señor! —se disculpó separándose. No recordaba haber visto a nadie abrazar al rico comerciante. Todos lo amaban, pero el gran respeto que le prodigaban no daba cabida a familiaridades.

—¿Perdón? —rio Elihu aproximándose al chico y envolviéndolo en sus brazos—. No imaginas los deseos que tenía de abrazarte, hijo mío. Cuando te vi tan destruido en la puerta de mi casa, temí perderte. Ya perdí bastante cuando se marchó mi amada Suri. No quiero perderte a ti también, por eso me aterra que vuelvas a partir por esas tierras a guiar ovejas... Por eso me angustia no poder convencerte de lo contrario.

—Todo va a estar bien, señor, pondré mucho cuidado y nada me ocurrirá.

—Lo cierto es que esos animales necesitan urgentemente alimento —admitió a regañadientes el comerciante—. Hace semanas que reciben menos de lo requerido.

—Puedo salir mañana mismo, si lo desea... —propuso el joven.

—Sí —admitió Elihu—, mañana saldréis con los rebaños.

—¿Saldréis? —tomó por sorpresa a Yasser el plural—. Se refiere a los perros y a mí, ¿verdad?

—Esther irá contigo —al decirlo frunció el gesto—. Esa cría es más terca que su padre y casi tanto como su madre. Se ha empeñado en pastorear y no hay quien se lo quite de la cabeza. Dice que para honrar la memoria de su padre. Prefiero que vaya contigo, de ese modo tengo la tranquilidad de que estará bien protegida. Os protegeréis mutuamente —añadió.

El joven hizo un esfuerzo hercúleo por aparentar indiferencia, aunque su interior era un remolino de emociones. Apartó la mirada de Elihu convencido de que sus ojos delatarían el gozo que sentía. Tenía ganas de saltar y gritar su alegría.

—Sé bien que esta solución es descabellada para cualquiera... Que permitan a una joven pastorear lejos con un varón no miembro de su familia —negó con movimientos de cabeza—. Las jovencitas sólo pueden pastorear unos pocos borregos cerca de la casa de sus familiares y eso si en su hogar no hay un hijo varón.

—¿Entonces? —inquirió Yasser, temiendo que se desvaneciera su sueño.

—Hay un momento en que uno debe elegir entre lo que considera mejor y lo que impone la cultura —reflexionó un instante—. Esther y tú os necesitáis en este trance; tus padres están de acuerdo, Séfora no ve inconveniente y todos conocemos vuestro corazón: sois temerosos de Dios, cumplidores de sus preceptos y más maduros y prudentes que muchos adultos.

Fue esa misma tarde que planearon los detalles del viaje.

—¿Por qué no me lo dijiste? —la voz de Yasser intentó sonar a reproche pero cada palabra destilaba entusiasmo—. ¿Por qué te callaste que vendrías conmigo?

—Porque estaba casi convencida de que no me dejarían ir y no quería ilusionarme ni ilusionarte.

—¿Por qué lo haces?

—Por ti, por supuesto —admitió sin reservas—. He aprendido a necesitarte y no concibo dejar de verte a diario —calló un instante antes de añadir—: Y también porque quiero continuar con el legado de mi padre —mientras hablaba Esther cubría con emplastos y vendas la cicatriz más grande de su pierna derecha—. Quiero pastorear como él lo hizo.

Yasser abrió su zurrón y de allí extrajo el pergamino donde Obed había dibujado la ruta.

—Haremos el mismo trayecto que la vez anterior —propuso Yasser—. Como quedaron construidos los rediles a cielo abierto, ganaremos tiempo. Calculo que nos tomará una semana llegar a Belén —vaticinó—. Tengo la ventaja de haber hecho ya el camino, por lo que conozco las regiones a evitar y los peligros que debemos prever. Viajaremos seguros.

Una expresión de serenidad suavizaba los rasgos del comerciante cuando aquel limpio amanecer despidió a los jóvenes.

—Dios os guarde, hijos —los bendijo envolviendo a Yasser en un abrazo que al joven le supo a gloria.

El camino discurrió envuelto en emociones matizadas con prudencia. Los jóvenes eran felices pastoreando. A menudo discutían como dos cachorros que empiezan por turno a gruñirse y van aumentando el rigor del gruñido hasta pasar al primer zarpazo y luego al mordisco. Se enzarzaban tan rápido como volvían a firmar la paz.

Se detuvieron un poco antes de llegar al temido valle de sombra. No era habitual que en diciembre hiciese tanto calor y el sol descendiese tan inmisericorde. La laguna que la noche anterior les había parecido un espejo de ónix pulido, desprendía ahora intensos reflejos irisados e incluso se percibía la bruma del vapor ascendente.

—Lo lamento —dijo Yasser—, no traje el mishkenoth.[18] No creí que en esta época del año haría tanto calor. Jamás hubo una temperatura así en este tiempo. Haré un refugio; no tardaré nada.

—Te ayudo —resolvió Esther.

Con restos de diversos árboles construyeron un cobertizo lo suficientemente amplio como para guarecerse ambos y donde las ovejas más delicadas también encontraran amparo a la sombra.

—Entra tú, Esther —invitó Yasser en cuanto el toldo estuvo construido—. Yo me ocuparé de traer los corderitos.

---

[18] Tienda que usaban para protegerse de la intemperie.

Mientras trataba de reunirlos una fuerte bocanada de aire ardiente le abrasó el rostro y le hizo frotarse los ojos que también le ardían. Pronto estuvieron reunidos en la sencilla cabaña. La bóveda de ramas y hojas filtraba y comprimía la luz hasta convertirla en polvo de oro.

—¡El calor es espantoso! —Esther dijo lo que era obvio.

—La sensación es de cincuenta grados —calculó el chico—. No podemos cruzar así el valle de sombra.

Introducirse en el angosto cañón con aquella temperatura era un suicidio y supondría también una sentencia de muerte para las reses, por lo que decidieron esperar. Las ovejas se apretaban bajo la sombra de los escasos árboles y, de tanto en tanto, se acercaban a beber a la laguna. El calor les quitaba el apetito aunque había pasto suficiente para todo el rebaño.

Los jóvenes estaban en silencio contemplando a las ovejas y Yasser comenzó a jugar con uno de los corderitos.

—Pobrecito… —abrazó al animal—. No importa que tu mamá te rechazara al nacer, nunca estarás solo, te lo aseguro.

—Jamás olvidaré algo que papá me contó sobre los corderitos rechazados.

—¿Te habló de ellos Obed?

—Sí, y nunca podré olvidarlo —repitió Esther—. Ese día le comentaba cuánto extrañaba a mamá. "Fuiste una hija amada —me dijo—, nunca lo dudes". Y entonces me relató esta historia: "Ocurre a veces que una oveja da a luz a un cordero y luego lo rechaza. No es frecuente, pero sucede. Si el corderito se acerca a la oveja, la madre puede incluso patearlo. Una vez que una oveja rechaza a uno de sus corderos, nunca cambiará de opinión. Esos corderitos inclinarán la cabeza tanto que parecerá que algo está mal en su cuello. Su espíritu está quebrado… A esos animalitos se les llama huérfanos o rechazados.[19] A menos que el pastor intervenga, ese cordero morirá".

---

[19] Este relato explica una situación que se da en la realidad entre los ovinos. A los

—Imagino lo afectada que quedaste con la historia —supuso Yasser.

—Rompí a llorar —confesó la chica—. Fue cuando papá me contó la parte amable del relato: "Entonces el pastor lleva al pequeño rechazado a su casa, lo alimenta a mano y lo mantiene caliente junto al fuego. Lo envuelve con mantas y lo sujeta contra su pecho para que el rechazado pueda escuchar su corazón. Una vez que el cordero es suficientemente fuerte, el pastor lo coloca nuevamente con el resto del rebaño y esa oveja nunca olvidará cómo el pastor cuidó de ella".

—¡Qué emocionante relato! —hasta Yasser se había conmovido—. ¡No me extraña que llorases al oírlo!

—Recuerdo a papá preguntarme: "Cuando el pastor llama al rebaño ¿adivinas quién corre hacia él primero?", "¿El rechazado?", pregunté. "¡Exacto!", papá aplaudió. "La que corre primero hacia el pastor es la oveja rechazada. Ella conoce su voz íntimamente. No es que el cordero rechazado sea más amado, es que conoce más de cerca a quien lo ama".

—Uffff —resopló Yasser—. Has logrado conmoverme...

—Papá me abrazó para decirme: "Extrañas a mamá y yo también. No imaginas cuánto. Cada vez que te sientas desprotegida, recuerda que Él es tu buen pastor. Se preocupa por tus necesidades y te mantiene cerca de su corazón. Podemos estar rotos pero el Pastor nos ama. Es más, Él está más cerca de nosotros cuanto más intensa es nuestro dolor —buscó entonces hasta que encontró un papiro y me dijo—: El pastor y rey David debió vivir una situación bastante compleja a nivel emocional cuando escribió lo siguiente: *Aunque mi padre y mi madre me abandonen, el Señor me mantendrá cerca.*[20]

---

corderillos rechazados por su madre se les conoce como: "bummer lambs".

[20] Salmos 27:10 NTV

# DE NUEVO EN LA SOMBRA

Llegó por fin la noche, cayó el sol y con él la temperatura.

A través del tejado de ramas podía contemplarse un cielo nocturnal poblado de estrellas, un océano infinito de diminutas velas blancas. El anochecer se había llevado consigo parte del calor abrasador que castigó el área desde el alba y trajo el sonido del viento silbando entre los árboles y los dibujos que realizaba la luz de la luna atravesando el entramado de ramas y proyectando sus sombras en el suelo.

—Yo también tengo muy buenos recuerdos de él...

—¿De quién?

—De Obed, de tu padre —aclaró—, su sabiduría era infinita lo mismo que su sensibilidad. En una ocasión me dijo algo que tardé tiempo en comprender —reflexionó Yasser unos segundos buscando las palabras adecuadas. —Más o menos vino a decirme esto: "Si hay algo dentro de mí que se haya convertido en un pequeño descontento sin voz, que ni sangra ni duele ni rebulle y solo se muestra en una indefinible insatisfacción, es por no haber logrado salvar a alguna oveja aunque haya hecho lo más que pude por hacerlo. Llegué al límite de mis posibilidades y, aun así, murió. La pérdida de un cordero es como la amputación de un brazo para el pastor que los ama".

Un emocionado silencio se instaló entre ellos. La imagen de Obed fluctuaba en la memoria de ambos. ¡Un pastor en el gran sentido de la palabra!

El fino timbre de la voz de Esther quebró el silencio:

—¿Crees que podríamos hacer ahora el trayecto del valle? La temperatura ha bajado bastante...

—Mejor esperemos hasta un poco antes de que amanezca —recomendó Yasser—. El corazón de la noche es momento propicio para los forajidos. Aprovechemos de descansar un poco. El día ha sido muy duro y sería bueno descansar antes de entrar en el valle de sombra.

Le extrañó no obtener respuesta. Se mantuvo expectante un rato hasta que la respiración acompasada de la joven le dio a entender que Esther dormía.

Antes del alba ya estaban listos para atravesar el angosto cañón. Realizaron la travesía con sumo cuidado; Yasser iba adelante porque recordaba la mayoría de los puntos peligrosos.

Un calor húmedo y nocivo flotaba dentro. Apenas si corría un hilo de brisa.

Pero al llegar al otro lado, justo donde desembocaba el angosto camino, la situación cambió radicalmente. Como si la atmósfera jugase con ellos, el tiránico sol se había esfumado. De pronto se vieron bajo un cielo tapizado de nubes negras que avanzaban amenazadoramente.

Como si hubiera partido el cielo en dos de una dentellada lanzando un furioso rugido, no tardó nada en desatarse la tormenta.

—¡Oh, no! ¡Dios mío, otra vez no! —la escena le trasladó de inmediato al espantoso día en que murió Obed. Pero era ahora la hija del capataz quien lo acompañaba. Tuvo la impresión de que los pies se le hundían en el fango o de que su esqueleto empequeñecía dentro de su cuerpo.

Tragó saliva que tenía la consistencia de adobe poco amasado.

—¡Rápido, Esther, entra al camino!

—¿Al valle de nuevo? —exclamó confundida y enojada—. ¿Quieres que vuelva al valle?

—¡Sí, rápido! —ahora era él quien, como Obed en otro momento, perdía las formas y parecía fuera de sí—. ¡Las paredes te protegerán! ¡Sobre todo, aléjate de los árboles! ¡Cuando las ovejas te vean entrar, te seguirán!

Esther apresuró el paso y entró al oscuro camino. Su respiración era agitada; el pelo suelto y empapado, le chorreaba agua por el rostro y la espalda. Las ráfagas de viento cargado de agua producían un rugir furioso… amenazante. Todo aquello distrajo la atención de Esther e impidió que reparase en que alguien esperaba guarecido entre las sombras, quieto.

Las ovejas asustadas buscaron el refugio de los muros de roca ajenas también a la inmóvil presencia. Esther se quedó a la entrada bajo un saliente rocoso que la protegía del agua.

Yasser, una vez que hubo alcanzado a los dos corderos escapados, se reunió con Esther en el pasadizo, localizando de paso tres brazadas de leña que alguien, seguramente un pastor previsivo, había dejado cerca de la entrada quizá pensando que serían útiles en una situación como la que ahora se presentaba. Con rapidez y destreza formó un círculo de rocas y encendió el fuego en medio. Avivó la lumbre procurando que las llamas diesen calor a la cueva.

Ninguno de los dos hablaba. Las mentes de ambos se habían ido al pasado, a los luctuosos eventos que la dejaron a ella huérfana y, en cierta medida, también a él. Los dos se sentaron muy cerca de la lumbre y Yasser extrajo de su zurrón el pairo sumergiéndose en la lectura.

—Léelo en voz alta, por favor —casi suplicó Esther—. Tengo miedo… necesito escucharlo.

Como en un mal sueño, se sentían encapsulados en una membrana de temor de la que no había escapatoria. Solo la lectura del salmo parecía infundirles paz:

*Elohim es mi pastor; nada me faltará.*
*En lugares de delicados pastos me hará descansar;*
*Junto a aguas de reposo me pastoreará.*
*Confortará mi alma;*
*Me guiará por sendas de justicia por amor de su nombre.*

*Aunque ande en valle de sombra de muerte,*
*No temeré mal alguno, porque tú estarás conmigo;*
*Tu vara y tu cayado me infundirán aliento.*
*Aderezas mesa delante de mí en presencia de mis angustiadores;*
*Unges mi cabeza con aceite; mi copa está rebosando.*
*Ciertamente el bien y la misericordia me seguirán todos los días*
*de mi vida,*
*Y en la casa de Jehová moraré por largos días.*

También la presencia inmóvil escuchaba y su blanca dentadura brilló cuando el resplandor de la lumbre alcanzó la oscuridad en la que se guarecía.

# COMPAÑÍA EN EL VALLE

La telaraña de luz de sucesivos relámpagos dibujando en el cielo, iluminó el interior de la cavidad. Fue entonces cuando Yasser reparó en un paño carmesí reposando en el suelo. Estaba seguro de que cuando trajo la leña y apiló las rocas para cercar la hoguera, aquella tela satinada no estaba allí.

Miró a Esther y la joven pudo leer el interrogante en el rostro de Yasser.

—Antes no estaba —confirmó la chica—. Eso no estaba en el suelo cuando entré.

Yasser recogió el paño.

—Es un manto de pastor —explicó—. Pero de un tejido que no puede permitirse cualquiera. La calidad es extraordinaria y el tinte rojo que lo tiñe, solo está al alcance de los ricos.

—¡Mira! —señaló Esther—. ¡Ahí detrás hay un cayado!

La vara reposaba un poco más adentro. Se aproximó Yasser tomándolo en su mano y de repente, se sintió reconfortado. Tendió el cayado a Esther y fue entonces cuando percibieron un movimiento entre las sombras; el sonido muy sutil de unos pasos fue lo que precedió a una figura humana. Se adivinaba la silueta, aunque la identidad quedaba oculta por las sombras.

Yasser se interpuso entre la aparición y Esther blandiendo el cayado en su mano derecha.

—Veo que no me equivoqué —informó la forma humana—, ¡ella está segura contigo!

Las sombras amparaban el rostro, pero la voz era inconfundible.

—¡Elihu! —exclamó el joven—. ¡Señor! Pero… ¿qué hace aquí?

Ahora sí se acercó a ellos con una sonrisa que los envolvió en una mantilla de seguridad.

—Me aterraba la idea de que os ocurriera algo —reconoció— pero, hijo, a lo largo del trayecto he podido constatar tu capacidad de cuidar, no solo del rebaño, sino también de tu compañera. Esther, he comprobado además, tu coraje y destreza en este oficio. Me quedo plenamente tranquilo. Esperaré a que pase esta tormenta con vosotros y luego regresaré a casa.

—Señor, no es necesario que aguarde con nosotros —repuso Yasser—. Estaremos bien.

—Hijo, a veces los pastores necesitan ser pastoreados y los cuidadores cuidados —su sonrisa infundía paz—. Dejad que os acompañe en este tramo complicado.

Los tres se sentaron en torno al fuego.

—¿Pastoreó usted alguna vez, señor? —inquirió dudosa Esther quien se sentía cohibida frente a la autoridad de Elihu.

—¡Por supuesto! —asintió con una abierta sonrisa—. Más de lo que te imaginas. ¿Cómo, si no, iba a conocer los graves riesgos que esta profesión conlleva? ¿Por qué piensas que quería disuadirte a toda costa de que siguieras el legado de tu padre? Conozco bien este oficio, lo amo, pero tengo plena conciencia de los peligros que encierra.

—Imagino que este valle de sombra es de los lugares más complicados... —aventuró Yasser.

—Es el más difícil de esta región, sin duda... —aceptó Elihu—. Sin embargo, es la mejor escuela de pastoreo. Funciona de prueba para detectar al auténtico pastor. Muchos prefieren no cruzarlo preservando su vida; otros, deciden recorrerlo para cuidar la vida de sus ovejas y proporcionarles los pastos que crecen de este lado.

Los jóvenes asintieron, conformes con el criterio de Elihu.

—Antes vi que leíais el salmo del pastor —dijo—. Por cierto, no quiero olvidar entregarte esto —tendió hacia el joven un rollo de pergamino.

Yasser lo desplegó y observó, asombrado y feliz, el valioso presente que Elihu le había entregado.

—¡Es el Salmo del rey David!

—Recién escrito. Esdras lo terminó hace pocos días —sonrió Elihu al decirlo—. Ya no tendrás que castigar tus ojos leyendo las letras invisibles de tu viejo papiro ni cuidarlo con tanto esmero para que no se destruya.

—¡Y es pergamino de piel! —exclamó Esther—. ¡Más valioso que el papiro!

—¡Gracias, señor! —sin resistir el impulso, Yasser abrazó a su benefactor.

—No tiene importancia —replicó con cariño el anciano—. El abrazo que acabas de darme vale más que eso. ¿Sabéis?, cuando leo el poema del rey David y llego a la frase: *Me guiará por sendas de justicia por amor de su nombre…* Siempre pienso en este valle que acabamos de cruzar.

—¿Las sendas de justicia le hacen pensar en este lugar? —replicó Yasser sorprendido—. No son sendas de justicia lo que hemos dejado atrás. Más que de justicia, son justicieras y peligrosas. Hubo momentos en los que tuvimos que caminar uno tras otro. Ni siquiera dos ovejas podían cruzar emparejadas.

—Las sendas de justicia no siempre serán las más rectas ni las más anchas, a veces son estremecedoramente angostas, tanto que solo cabe uno mismo, nadie puede acompañarnos. Con frecuencia son tan sombrías y llenas de tanto misterio, que, aunque te fuerces, no podrás verte los pies. Será necesaria la fe para avanzar. Pero son las sendas que más enseñan, no solo al pastor, también a las ovejas. Quien supere esa prueba, saldrá triunfante de cualquier otra dificultad.

Cuatro horas después, el sol saludaba desde una ventana entre las nubes. Poco a poco el cielo fue despejándose y la lluvia cesó. El agua acumulada en el suelo, formaba una pátina brillante sobre la hierba semejante a oro líquido, brillando a la luz del sol ascendente en el horizonte.

—En el pasado crucé muchas veces este valle —repuso Elihu—. Conozco los desvelos del pastor y el miedo ante los peligros. No siempre fui tan próspero como ahora, ni siempre fui comerciante. Pero también conozco la felicidad que produce el deber cumplido y la sensación inigualable de ver a las ovejas crecer saludables. Cada vez que emergía de este siniestro valle y contemplaba el cielo abierto y la expansión de los prados, recitaba el final de esa magistral composición: *"Aderezas mesa delante de mí en presencia de mis angustiadores. Unges mi cabeza con aceite; mi copa está rebosando. Ciertamente el bien y la misericordia me seguirán todos los días de mi vida, y en la casa de Elohim moraré por largos días".*

—Señor, gracias por habernos seguido para cuidarnos —Esther se aproximó a Elihu y besó su mano con respeto.

—Soy yo quien está agradecido por el amor con que cuidáis de mi rebaño. Pudiendo ocuparos de otras cosas más sencillas y menos peligrosas, estáis dejando vuestra vida en el oficio de apacentar débiles ovejas. Nunca lo olvidaré, espero poder recompensaros como merecéis.

Yasser se movió en silencio hacia el este de la llanura. Debió caminar unos cincuenta pasos cuando se detuvo. Esther y Elihu observaron el gesto compungido del chico y como este se arrodillaba en el suelo.

Se aproximaron a él.

—Son los restos del árbol alcanzado por el rayo durante la tormenta que me sorprendió junto a Obed —explicó señalando al tocón que asomaba entre la hierba—. Él estaba demasiado cerca… Salió despedido por el impacto y cayó en este lugar —se había incorporado y buscó el lugar donde su mentor y maestro quedó tendido.

Esther y Elihu se acercaron lentamente. Entre el pasto todavía quedaban numerosos trozos de madera como reliquias que evocaban la tragedia.

La chica, incapaz de soportar la nostalgia, volvió junto a los restos del pino renegrido.

—¡Mirad! —señalaba al trozo de madera que apenas asomaba del suelo—. ¡Un brote verde! —se agachó para verlo mejor—. ¡Está naciendo un pequeño gajo!

Elihu también se inclinó para ver el brote de vida que surgía de la madera quemada.

—¿Sabéis que algunos árboles solo brotan después de que se quema el bosque? —explicó—. Sin el calor del fuego, eso no sucedería.

Los jóvenes escuchaban con atención. Sus ojos fijos en la pizca de vida que asomaba de la madera negruzca anunciando la resurrección; la vida venciendo a la muerte e imponiéndose al desastre.

—Lo mismo sucede con nosotros —explicó Elihu—, a veces Dios trae nueva vida porque confiamos en Él a través del fuego. El profeta lo dijo bien claro en voz de Dios: *"Cuando pases por el fuego no te quemarás, ni la llama arderá en ti"*.[21] El fuego que, en ocasiones abrasa el alma, puede manifestarse de formas muy diversas... Un intenso dolor, una gran pérdida, una pérdida económica, la enfermedad inesperada, la partida de un ser muy querido, una decepción... Llamas que queman y arrebatan, pero que finalmente encienden la vida e iluminan también nuevas existencias.

---

[21] Isaías 43:2

# BELÉN

Eran noches largas y perezosas las de Kislev[22] y de nuevo el clima parecía divertirse con los jóvenes pastores. El frío arreciaba y el cansancio acumulado se hacía sentir, por lo que intentaban economizar todo esfuerzo posible. Solo que no hay reposo para quien pastorea, menos aún cuando el clima apremia y el rebaño requiere de especiales cuidados.

Ya sin Elihu, entraron a Belén por el sur del pueblo. Amplios campos exhibían pastos blanquecinos. Era temprano cuando llegaron, por lo que la hierba todavía mostraba una costra de escarcha.

—¿Quieres quedarte un momento al cuidado del rebaño? —pidió el joven a Esther—. Abrígate bien y busca el rayo de sol. Me acercaré al mercado que está allí a comprar alimentos. Creo que haré acopio para tres días; hay pasto suficiente para permanecer aquí unas tres jornadas.

Se dirigió al mercado que comenzaba a llenarse de gente. Era difícil distinguir lo que voceaban los comerciantes, pues el nombre y el precio de las distintas mercancías formaban un coro imposible de descifrar.

Yasser se proveyó de vegetales, queso, dátiles y frutos secos, y luego se encaminó hacia el rebaño. Aun de lejos vio a Esther, quien sentada sobre una roca, tañía su *ugah*. La encontraba irresistiblemente bella, eso a pesar de que ni estaba arreglada ni había aplicado aceites a su piel. Por el contrario, su cutis lucía castigado por los rigores del clima, sin embargo, exhibía una belleza muy pura en ese estado natural.

---

[22] Mes del calendario hebreo equivalente a noviembre/diciembre.

Percatándose de que llevaba varios minutos inmóvil, observando a la chica y hablando solo, reanudó la marcha.

—¡Hay cuevas por montones en este campo! —le gritó la joven cuando aún no llegaba—. No será necesario que construyamos un aprisco.

—Sí —asintió Yasser cuando estuvo a su lado—. A este territorio lo llaman el campo de los pastores y está bien acondicionado para cuidar de los rebaños.

—Pero todas las ovejas no cabrán en una cueva...

—No —admitió Yasser—, ocuparemos dos contiguas. Tú velarás la mitad del rebaño y yo la otra.

El día pasó veloz. Los puestos del mercado cerraron y el campo fue quedando desierto, mientras un delicioso silencio se apoderaba del lugar. No llegaron más rebaños esa jornada, por lo que las ovejas de Esther y Yasser campearon a sus anchas y comieron hasta saciarse.

Varias veces sacaron agua de un pozo para abrevarlas, y pronto los animales satisfechos comenzaron a echarse.

—Es mejor ir llevándolas a la cueva —sugirió Yasser—. Ahora están tranquilas y posiblemente dormirán toda la noche.

—La temperatura ha caído bastante —Esther se encogió dentro de su capa de pelo de oveja.

—Mientras encierras a las ovejas haré un fuego en medio de ambas cuevas, pronto entraremos en calor.

Era cierto, la temperatura se había desplomado y un aire frío endureció la hierba cubriéndola inclusive con una fina capa de hielo. Con cada paso el césped crujía bajo las sandalias como si finas láminas se quebraran.

Afortunadamente había muchas brazadas de leña seca dentro de las cuevas, por lo que pronto compuso una hoguera que brindaba un reconfortante calor.

Yasser y Esther conversaban sentados en torno al fuego. El firmamento parecía un lienzo matizado de blancas pinceladas, allí donde las estrellas se acumulaban como diamantes centelleando sobre el terciopelo negro. El romanticismo de la escena les hizo olvidarse de la fría temperatura; incluso sintieron algo de calor y en sus mejillas se percibía un delicado rubor. Yasser se desprendió de su capa y cubrió con ella a Esther, que alzó la mirada y le regaló una sonrisa, momento que él aprovechó para posar sus labios sobre los de la joven.

Era la segunda vez en su vida que hacía algo así, la primera fue también con Esther, pero en aquella ocasión la iniciativa fue de ella y de pronto se sintió abrumado.

—Perdón —se disculpó Yasser—. No debí…

La chica, turbada, bajó la cabeza, pero enseguida la alzó y en la mirada que dirigió al joven no había reproche sino alegría.

Yasser nunca había besado, al menos no de esa manera… ni a Esther ni a ninguna otra chica. Fue solo eso, un leve roce de labios, sin embargo, su ser se estremeció poderosamente. El chico vibró y el mundo pareció iluminarse. La luz que desprendía la hoguera se le antojó un pálido destello ante el resplandor que había emergido de aquel tímido beso…

¿O no vino del beso?

Un terrible estruendo se dejó sentir de nuevo…

Esther miró al cielo con espanto dibujado en el rostro. Encima de ellos, estaba teniendo lugar una estampida luminosa. El cielo nocturno se había cubierto de destellos de asombrosa intensidad. Eran blancos y extremadamente limpios.

Ambos miraban con atención al cielo, gracias a lo cual pudieron ver la estrella más resplandeciente que alguna vez hubieran contemplado.

—Desde niño siempre he visto al cielo por las noches —musitó Yasser con voz trémula—. He visto ese cielo casi cada noche de mi vida, y te aseguro que esa estrella jamás estuvo allí…

Sus palabras sonaban llenas de asombro y temor.

—Nunca vi una estrella tan luminosa, ni de resplandor tan puro...

—Parece que se mueve —susurró Esther con el miedo temblándole en la voz.

—¿Cómo dices? —inquirió el chico.

—La estrella —insistió Esther—, está moviéndose y cambiando de forma... —su voz sonó ahora aterrada—. ¡Está tomando forma humana!

—¡Es cierto! —Yasser gritó—. ¡Pero no es solo una forma sino varias... y flotan! —el joven se incorporó y tiró del brazo de Esther obligándola a levantarse—. ¡Escondámonos! ¡Corramos a la cueva!

La luz se había extendido sobre el lienzo negro de la noche y de aquel fulgor emergieron un sinfín de siluetas brillantes. Era imposible precisar cuántas eran, parecían miles.

—¡Espera! —dijo sin moverse la chica ahora más curiosa que espantada—. ¡Son ángeles! —aventuró.

—¿Cómo puedes saber que son ángeles? —gritó el chico sin dejar de tirar de su brazo—. ¿Cómo sabes que no son demonios y quieren destruirnos?

De repente, como si lo hubieran escuchado y percibieran el pánico en los chicos, aquellos seres hablaron a los aterrorizados pastorcillos:

—¡No temáis! —fueron las primeras palabras que los seres de luz dirigieron a los jóvenes, mensaje que enseguida completaron—: Lo que os anunciamos son nuevas maravillosas. Os ha nacido hoy en la ciudad de David, un Salvador, que es Cristo el Señor. Esto os será de señal, hallaréis al niño envuelto en pañales y acostado en un pesebre.

Por un instante más inundaron la noche con su luz y de pronto, igual que aparecieron, la multitud de seres angelicales fue desvaneciéndose. Sin embargo, el destello no se disipó completamente sino que fue contrayéndose en sí mismo hasta formar un punto luminoso que comenzaba a desplazarse. Yasser y Esther estaban mudos de asombro. Sus bocas abiertas no proferían palabra y sus ojos no lograban separarse del resplandor que emitía la fulgurante estrella.

Fue Esther quien por fin rompió el silencio:

—¡Se mueve! —su dedo índice señalaba al botón luminoso que se desplazaba muy lentamente por el oscuro cielo.

Yasser afirmó asintiendo varias veces con la mirada fija en aquel astro que parecía moverse en dirección a Belén.

Lo vieron pasar sobre el mercado y tomar rumbo hacia el puñado de casas que componían la aldea conocida como "casa de pan".

—Creo que debemos seguir a la estrella —susurró Yasser.

—Sí —aceptó Esther —pareciera que nos conducirá al lugar que mencionaron los seres celestes.

Rápidamente cerraron con piedras la entrada de las cuevas para proteger a sus reses, y fueron tras la estrella.

*"Y aconteció que cuando los ángeles se fueron al cielo, los pastores se decían unos a otros: Vayamos, pues, hasta Belén y veamos esto que ha sucedido, que el Señor nos ha dado a saber. Fueron a toda prisa, y hallaron a María y a José, y al Niño acostado en el pesebre".*[23]

El luminoso astro se detuvo sobre una casa que tenía adosado un establo de adobe; de esos construidos simulando una cueva. Una luz tenue emergía de él. Miraron dentro con cautela y todavía sus ojos tardaron un momento en adaptarse a la penumbra interior; fue entonces cuando vieron la imagen que los dejó boquiabiertos. Desde un nicho en la pared, una pequeña vela iluminaba débilmente los rostros de un hombre barbado y una jovencita acurrucada junto a él. A los pies de ambos, dentro del hueco de una piedra de las

---

[23] Lucas. 2:15—16

que se usaban para echar forraje a los animales, envuelto en trapos que apenas podían protegerlo del frío, se encontraba un bebé. Un hermoso resplandor envolvía la escena.

Yasser y Esther se miraron. Pudo haber pasado un segundo o tal vez varios minutos; la escena lucía tan sagrada que el tiempo perdió importancia. En un arranque de atrevimiento, Yasser se aproximó al niño y despojándose de su cálido manto de pastor, sin dar tiempo de reaccionar a los padres, levantó al pequeñín –el cual abrió y cerró la boquita varias veces en un amago de sonrisa– y lo envolvió amorosamente en la velluda prenda, regresándolo luego con cuidado al pesebre.

El muchacho percibió por largo tiempo el calor del beso que la madre de la criaturita depositó en su mejilla.

A su vez Esther abrió su zurrón y extrajo un paño blanco que guardaba allí cuidadosamente doblado y extendiéndolo sobre una desvencijada mesa que había junto a los padres, ordenó con pulcritud sobre él los vegetales, los frutos secos, el queso y los dátiles que Yasser había comprado esa mañana. La sonrisa que le dedicaron llegó a ella como un abrazo de gratitud.

Estuvieron largo rato con aquella pareja y su bebé. Por alguna razón inexplicable, les embargó el irrefrenable deseo de postrarse en adoración ante ellos. Y fue así, en reverente entrega, que acudieron a la mente de Yasser algunas de las palabras que Obed le transmitiera tiempo atrás: "Las Escrituras nos muestran que ese sublime Pastor de almas lleva siglos siendo despreciado por sus ovejas. ¿Entiendes? —había dolor en el gesto de Obed al afirmarlo— sus propias ovejas, a las que cuida y apacienta, son las que con demasiada frecuencia lo ignoran. Él, no obstante, sigue amándolas y buscándolas. Ha enviado profetas una y otra vez intentando ese acercamiento —y concluyó con la voz quebrada de emoción—: No me extrañaría que, si eso no funcionase, Él mismo venga a buscarlas, porque las ama irremediablemente".

¿Por qué inundaba ahora a Yasser la extraña sensación de estar en presencia de aquel Buen Pastor de almas?

La memoria seguía buscando en sus archivos y trayendo de lejos la sabiduría del capataz: "Yo también, en ocasiones, me he sentido como tú —le había dicho Obed—, rebajado en mi autoestima por la actitud desdeñosa de quienes me rodean, pero he atenuado esa punzada pensando en que nuestro antecesor, David, pasó del rebaño al trono. ¡Qué paradoja! Desde la posición más baja fue impulsado al lugar más alto. Supo, sin dudas, que ahora estaba en ese lugar más alto... Ante la más elevada majestad. Ante alguien que también había despreciado el palacio para pisar el redil... pero que seguía siendo Rey... Pastor de almas y Rey de reyes".

Otro recuerdo invadió su mente mientras continuaba en adoración, y esta vez se estremeció al evocar las palabras de Obed: "Cuando mañana estés en el monte, mira en aquella dirección —señaló el capataz al punto donde se alzaba el templo—. Verás columnas de humo que se elevan. Son ovejas sacrificadas ofrecidas en holocausto para la expiación de los pecados. Recuerda esto, Yasser: hoy la oveja muere por el pastor, pero un día el pastor morirá por las ovejas; enseñándonos que quien en verdad ama, da su vida por el ser amado. El pastor entregará su corazón y con él su vida, por amor a sus ovejas".

Y recordó Yasser cómo había posado la mirada en la vara teñida de rojo que Obed sostenía. La pintura se deslizaba por la superficie de madera y formaba un pequeño pozo carmesí sobre la tierra. Un estremecimiento recorrió aquel día la espalda del joven pastor... Un escalofrío que no supo a qué atribuir. En ese instante, ante aquel pesebre sencillo, el estremecimiento se repitió, lo mismo que el escalofrío el cual hizo temblar al pastor desde la coronilla hasta las uñas de los pies.

La estrella debió moverse en el firmamento. La luz que arrojaba a través de la entrada se desplazó un poco y al encontrarse con los pilares de madera que sostenían la techumbre del establo, proyectó sobre el pesebre una silueta idéntica a una cruz.

Una súbita convicción sobrecogió al joven. En aquel lugar donde aparentemente faltaba todo, en realidad no había ausencia de nada. El aspecto externo era el de un establo, pero en esencia se encontraba en un palacio. Supo que estaba ante un Rey... Un soberano que abandonó el palacio y escogió el redil.

—Elihu me dijo hace tiempo —hablaba para sí pero Esther logró escucharlo—, que estaba despreciando el palacio para elegir el redil... Que dejaba atrás a mis sirvientes para servir al rebaño. ¡Pero el rebaño me ha conducido al verdadero palacio y en presencia del Rey!

# LA ETAPA DE LA VICTORIA

Fue grande la impresión que Yasser experimentó aquella tarde al encontrarse a Elihu.

Cierto que llevaba varios meses sin verlo, pero el cambio lo sobresaltó, parecía que sobre el rico comerciante se habían desplomado varias décadas.

Al regreso de Belén, Yasser se vio inmerso en una ingente cantidad de trabajo. El frío había llegado al punto de hacer inconveniente sacar a las ovejas, por lo que fue necesario buscar el alimento y transportarlo a los corrales. Los pastores tuvieron que trepar a los árboles a coger brotes y rebuscar en cada rincón para que no faltase alimento en los corrales.

Aquella mañana su padre llegó a visitarlo y lo encontró sumergido en el oficio.

—Yasser, hijo, creo que debes visitar al señor Elihu —expuso con seriedad—. No está bien de salud y seguro que tu visita le alegrará.

Esa misma tarde Yasser se acercó a la mansión y un sirviente lo acompañó hasta el aposento de Elihu.

—Gracias —dijo el joven cuando el empleado iba a precederle a abrir la puerta de la alcoba—. Yo mismo entraré. Gracias por acompañarme.

Se retiró el servidor y Yasser dio dos suaves toques sobre la madera de cedro. Aguardó unos segundos. Al no obtener respuesta, movió con lentitud una de las hojas de la puerta intentado no interrumpir el sueño en el que pensó que probablemente estaría sumido el anciano.

Elihu estaba recostado en su cama, pero no dormía. Entregado a la lectura, era evidente que no lo había oído llamar. Recordó Yasser la dificultad para escuchar que desde hacía tiempo el próspero comerciante venía manifestando.

Embebido en su lectura, Elihu todavía no se había percatado de la presencia del joven quien observó unos segundos el evidente tremor en las manos que sostenían el manuscrito. "¿Cómo podrá leerlo?", se preguntó. "Me parece imposible que pueda seguir las líneas con tales sacudidas". Sin duda, el cuerpo del comerciante ponía en evidencia un severo desgaste.

—¡Hijo! —por fin reparó el anciano en la presencia de Yasser. Fue mucho más la alegría que sintió, que las fuerzas que tuvo para expresarla. Tendió una mano en dirección al joven pero solo un instante se sostuvo en el aire; incapaz de mantenerla allí, enseguida la dejó reposar sobre el colchón—. ¡Qué alegría me das! Me parece tener siglos sin verte.

Yasser tomó aquella mano rugosa y la besó con cariño. Fue al enfocar la vista en el rostro de Elihu cuando se dio de bruces con el declive que lo azotaba. Los labios se habían estrechado y endurecido y la nariz se le había afilado más todavía. Los pómulos se hacían evidentes bajo la piel estirada pegada a ellos y la frente se había arrugado mucho más. Solo los ojos mostraban la perspicacia y brío de siempre.

—¿Cómo se encuentra, señor? —preguntó el joven más por cortesía que porque tuviera dudas de que el anciano no se encontraba bien.

—Lo mismo le pregunté al médico hace un rato —repuso Elihu con sarcasmo—, es un viejo amigo y no se anduvo por las ramas. Hijo, la realidad es que me queda poca vida —pausó y llenó sus pulmones añadiendo— he llevado una existencia lo más sana posible, pero, ya ves, parece que se me ha terminado.

—A veces los médicos se equivocan... —Yasser intentó conferir a su voz una firmeza que no sentía—. Seguro que aún le quedan muchas cosas por hacer y mucho tiempo para hacerlas...

—Aprecio tu optimismo, hijo, pero temo que no será suficiente para añadir ni una hora a mi existencia —intentó reír, pero solo una tos ronca salió de su pecho. Recuperado el resuello logró decir—: De todas formas, la mía no ha sido una mala vida. Cumplí los setenta y cinco, o tal vez sean setenta y seis, no estoy del todo seguro. He sido aceptablemente feliz y procuré ser productivo, así que puedo marcharme sin dramatismo.

—¿Qué puedo hacer por usted, señor? —Yasser se inclinó hacia aquel viejo a quien amaba profundamente—. Dígame si necesita algo de mí... ¡lo que sea! Tomó con sus dos manos la derecha de Elihu; la piel transparente se plegaba sobre los huesos como una hoja muy fina de papiro.

—Gracias, hijo —los labios de Elihu se curvaron en el intento fallido de fabricar una sonrisa—. Estoy ordenando mis asuntos y tomándome con calma la partida. Hay varios detalles que te incluyen, por eso me alegra que hayas venido.

Yasser, muy atento, ni siquiera apartó la mirada de Elihu cuando la puerta de la habitación se abrió y de soslayo adivinó la presencia de sus padres.

—Nunca fui partidario de organizar matrimonios ni mucho menos de pactarlos —continuó el anciano saludando con un movimiento de cabeza a los recién llegados—. Como diría el sabio Salomon: "No despertéis ni hagáis velar al amor hasta que quiera". Pero tengo la sensación de que en vuestro caso —miró al joven fijamente y precisó—: Por supuesto, me refiero a Esther y a ti... ¿Puedes darme un poco de agua, por favor? Pasó la lengua sobre sus labios resecos— pareciera que mis glándulas salivares ya se rindieron...

—Tenga, señor... —Yasser aproximó el vaso de agua a la boca de Elihu y lo sostuvo convencido de que las manos del anciano no podrían hacerlo.

—En vuestro caso, hijo… —prosiguió después de apurar el agua—, el amor despertó hace ya tiempo y está necesitando cielos de libertad en los que extender sus alas. Solo por eso me permití hablar con Séfora para ofrecerle mi ayuda con vuestra boda.

—Gracias, señor —dijo Yasser besando la mano de su benefactor.

—Mis viejos amigos, Jaziel y Adaia, también han sido informados —los miró con una sonrisa y estos dieron un paso adelante quedando junto a Yasser—, están más que felices de preparar el festejo de ese día soñado…

—Gracias, le estamos agradecidos de corazón… —como un coro pronunciaron ambos al unísono inclinando respetuosamente sus cabezas y reiterando—: ¡Muchas gracias, señor!

—Mi casa está a vuestra disposición para celebrarlo —afirmó—. Disponed de cada estancia a vuestro gusto y que mis sirvientes se ocupen de todos los detalles para que la de vuestro casamiento sea una semana inolvidable.

—No imagina lo agradecido que le estoy, señor —de nuevo besó Yasser varias veces la débil mano de Elihu y se estremeció al percibir en sus labios el frío que atenazaba aquellos dedos. Era casi como besar mármol.

—¿Hay algo que necesitéis por ahora?

—Señor, con todo respeto —Jaziel habló con voz trémula a causa de la vergüenza que le producía abordar un tema así—, solo hemos conseguido reunir cien denarios para el *shitre erusin*.[24] Sé bien que la ley establece que el pago sea el doble. Solo pedimos que nos ayude con su influencia para fraccionar el pago de la cantidad que falta —agachó la cabeza en una crisis de pudor.

---

[24] Contrato de esponsales, redactado por las autoridades y costeado por el futuro novio.

—Viejo amigo, tú siempre tan responsable y comedido… No te preocupes por esos detalles. Sabía que no podríais hacer frente a los doscientos denarios del precio acordado para los esponsales con una doncella. Yo me ocupé ya de eso. Es más, Séfora merece recibir cuatrocientos por la impecable labor que ha realizado criando a Esther.

—Díganos, por favor, de qué manera podemos compensarle por tanta bondad —sollozó Adaia emocionada.

—Ya lo hicisteis con creces. Tantos años de leal servicio merecen esto y mucho más.

Tendió la mano en dirección al vaso de agua que reposaba en la mesa junto a su cabecera. Yasser lo rellenó usando la jarra de barro que había junto a él.

—Gracias, hijo —apuró el líquido y luego volvió a fijar la mirada en el joven—. Yasser, hay algo más que deseo decirte. Acércate un poco más, hijo, mi voz ha perdido fuerza y quiero estar seguro de que me escuchas bien.

—Le oigo, señor —afirmó el joven tomando asiento muy cerca de Elihu.

—Hijo, estoy feliz de no haberte privado del sueño de ser pastor por más que utilicé todos los medios en el intento de lograrlo —asentía con leves movimientos de cabeza—. Me has reafirmado que uno no puede ser feliz fuera del propósito para el que fue creado y que el auténtico valor de un oficio no radica en lo que te pagan por hacerlo, sino en lo que sientes haciéndolo. Hizo una pausa en la que inspiró profundamente y continuó— pero he llegado a la conclusión de que tomar el timón de este emporio en una mano y el cayado de pastor en la otra, es algo que puedes hacer. Solo precisas rodearte del equipo humano necesario.

—Haré lo que usted ordene, señor —Yasser envolvió de nuevo la trémula mano del anciano mientras inquiría—: Pero, dígame, ¿por qué me considera digno de algo tan grande? Yo no creo merecerlo... ¿Por qué insiste usted en ello, señor?

—Porque amas lo humilde, hijo, y tu amor por lo sencillo te hace merecedor de lo grande —su voz surgía débil, pero cada palabra destilaba autoridad. Porque eres fiel en lo poco, mereces estar sobre mucho. Porque tienes genuina carga, sé que no emplearás mal tu cargo. Porque te diste cuenta de que a menudo el camino a la grandeza es descendente y no codicias el poder... Sí —ratificó—, porque no codicias poder. Es por eso por lo que despliegas genuina autoridad.

Yasser escuchaba emocionado el discurso de Elihu. La imagen del anciano se desdibujaba tras la cortina de lágrimas que le empañaba la vista.

—He ordenado a mi amanuense que prepare todos los documentos para transferirte el control de mi emporio comercial —aplicó el anciano una leve presión a los dedos de Yasser—. Ahora sí, necesito descansar... Te agradezco tanto que vinieras a verme —miró a Adaia y a Jaziel—: Os agradezco que vinierais. Todo lo que os he dicho pesaba mucho en mi consciencia y ahora me siento más ligero.

# ADEREZAS MESA DELANTE DE MÍ...

La boda fue sencilla pero llena de emoción. Se prolongó siete días, cada uno de los cuáles desbordó alegría y sentimiento.

El casamiento tuvo lugar un martes, el día de la semana preferido por los hebreos debido a que fue la jornada creacional en que las Escrituras registran dos veces "Elohim vio que era bueno", mientras que en las demás solo se afirma una vez.

Las procesiones previas a la ceremonia, parte importante del ritual, fueron muy hermosas. Al final de la tarde, los invitados estuvieron celebrando en casa de la novia aguardando el momento en que el novio vendría en busca de su amada. Después de esperarlo por horas, durante las cuales los mensajeros anunciaban repetidamente su llegada, apareció al fin cuando faltaba una hora para la media noche. Esther y los suyos salieron a su encuentro y lo vieron acercarse rodeado de sus amigos, iluminado por la llama de múltiples antorchas.

Ambas comitivas se unieron para desplazarse juntas en una procesión festiva envuelta en luces, hasta llegar a la casa de los padres del novio, en este caso la mansión de Elihu, donde tuvo lugar la ceremonia y más tarde el agasajo deliciosamente preparado y dispensado por los sirvientes del propietario.

Sentados frente a la lujosamente engalanada mesa principal, se encontraban los novios acompañados de Séfora, Adaia y Jaziel. En un extremo de la mesa, un débil pero sonriente Elihu, disfrutaba a todas luces de aquel momento tan trascendente. Una mejoría casi milagrosa, unida a la irreductible determinación del anciano de hacer de "amigo del novio", título cardinal y representativo dentro del ritual, hicieron posible que estuviera allí.

Sobre las mesas había todo tipo de manjares componiendo un auténtico espectáculo de colores, aromas y sabores.

No estuvo ausente un solo detalle para que el día fuera inolvidable.

De repente un movimiento apresurado al inicio del salón, atrajo la atención de Yasser. Esdras, el fiel amanuense, se acercaba a la carrera deteniéndose junto a Elihu.

—Siento la interrupción, señor —dijo casi sin resuello—, a la puerta se encuentra un hombre y una mujer. Dicen traer algo para los novios. Intenté disuadirlos pero insisten obstinadamente en verlos.

—Hazles pasar —ordenó Elihu.

—Pero, señor, tienen aspecto de ser gente humilde y así mismo visten... —con un disimulado movimiento Esdras ponderó las ropas de gala que lucían los invitados.

—Esdras, amigo mío, hoy es un día feliz y la felicidad se multiplica al compartirla, especialmente si se comparte con los más humildes.

El escriba abandonó la sala que volvió a llenarse de música, voces y risas. No habían transcurrido cinco minutos cuando regresó acompañado ahora por los inesperados visitantes. La algarabía cesó cuando el hombre y la mujer avanzaron acercándose a los contrayentes, desplazándose entre las mesas espléndidamente ataviadas.

Solo cuando estuvieron muy cerca de Esther y Yasser, repararon ellos en la criatura que la mujer llevaba en brazos.

—Sean bienvenidos a esta casa —saludó Elihu desde su asiento.

Los recién llegados se detuvieron ante ellos y un escalofrío recorrió la espalda de los novios... La mirada del hombre, el rubor de la mujer, el gesto del bebé al sonreír...

—Lamentamos interrumpir un evento tan magnífico —la voz del varón sonaba a disculpa—. Vamos camino a Nazareth y no queríamos quedarnos con este valioso pergamino que le pertenece, joven —al decirlo extendió hacia Yasser un rollo de piel que este identificó enseguida como el Salmo del pastor—, tampoco deseábamos apropiarnos de este costoso manto con el que envolvió a nuestro hijo y en cuyo bolsillo interior encontramos el documento.

—¿Quiénes serán? —Adaia y Jaziel se miraron y ambos lo se preguntaron el uno al otro, casi a la vez.

—Creo que son las personas que conocieron en Belén —aventuró Séfora hablando muy bajo, pero no lo suficiente como para que Jaziel no lo oyese.

—Parecen personas muy respetables, y hasta pudientes —repuso—. Ese porte y la dignidad que proyectan no las tiene cualquiera.

Esther y Yasser se levantaron aproximándose a la pareja. Esther tendió los brazos con el gesto mudo de que le permitiesen sostener al bebé.

—Aquella noche ni siquiera pudimos agradecerles —fue la madre del chiquitín quien habló ahora. Nos quedamos sin palabras ante el gesto de amor que mostraron hacia nosotros. Hoy sí podemos decirlo: gracias por proteger a nuestro hijo de aquella fría noche. Gracias por los alimentos que compartieron con nosotros...

Esther conmovida acunaba al pequeño, mientras Yasser contemplaba perplejo el manto y el pergamino.

—Los alimentos que les ofrecimos eran muy sencillos, por favor, hágannos el honor de acompañarnos a disfrutar de estos manjares —suplicaba Esther mirando las opulentas viandas que llenaban las mesas, sollozando casi al advertir la genuina gratitud que mostraba el matrimonio.

—Tal vez aquella comida fuera sencilla, pero era todo lo que tenían y nos lo ofrecieron a nosotros —precisó el varón—, noté que vaciaron su zurrón... nos lo dieron todo...

Yasser se aproximó a la esposa y envolvió al bebé con su manto.

—Sería para mí un honor que lo utilice él —dijo colocando en torno al cuerpo del niño, el paño carmesí que llevaba sobre su elegante vestido de novio.

Elihu se había incorporado y, caminando con mucha dificultad, se aproximó a los humildes visitantes.

—Van a pensar que estoy loco —anticipó el anciano—, pero algo me dice que a ustedes les corresponde ocupar un lugar en esta mesa —se acercó a Esther y observó al niño estudiándolo con interés—. He tenido la oportunidad de compartir con reyes y emperadores a los que surtí de artículos de lujo, y puedo asegurar que en las pupilas de este bebé veo destellos de realeza.

—No —el hombre estaba abrumado—. Se los agradecemos, pero es una fiesta demasiado suntuosa para nosotros…

—No merecemos una celebración tan magnifica —añadió la mujer.

—Les ruego que nos acompañen —suplicó Esther.

—Para nosotros será un honor que compartan nuestra mesa —se sumó Yasser.

—Este niño … —Elihu observaba al bebé con detenimiento—. Hay algo en él que cautiva. ¿Cómo se llama?

—Jesús —respondió la madre—. Se llama Jesús.

Los invitados observaron estupefactos como los extraños se sentaban a la mesa principal del suntuoso festejo.

Aprovechando el profundo silencio que se había instalado, Yasser desplegó el flamante pergamino y comenzó a leer:

*"Aderezas mesa delante de mí en presencia de mis angustiadores;*
*Unges mi cabeza con aceite; mi copa está rebosando.*
*Ciertamente el bien y la misericordia me seguirán todos los días de*
*mi vida,*
*Y en la casa de Jehová moraré por largos días".*[25]

---

[25] Salmo 23:5—6

En el rostro de Yasser eran visibles las cicatrices ganadas bajo la tormenta en el valle de la sombra. Sus manos, que sujetaban el pergamino, mostraban las marcas indelebles de las heridas sufridas rescatando ovejas del despeñadero, pero su voz destilaba esperanza rociada de determinación. Las batallas lo habían curtido y ahora sus piernas, cubiertas de cicatrices, quedaban ocultas bajo la mesa aderezada con todo el lujo posible.

Fue fiel en la etapa de luz, mantuvo su integridad en el valle de la sombra y ahora irrumpía junto a su amada en el tiempo de la victoria.

Cuentan...

... que ese niño, siendo ya adulto, hablaba a multitudes. Lo hacía con extraordinaria autoridad y desplegando impresionante conocimiento. Las masas lo escuchaban y muchos le siguieron. Aseguran que, para enseñar, solía cubrir su cabeza, hombros y espalda, con un manto carmesí.

Relatan también que miles lo proclamaron rey. ¡Qué paradoja! ¡Un rey nacido en un establo! ¡Rechazó el palacio para elegir el redil!

Dicen que ese manto lo acompañó hasta el fin de su vida y que el día de su muerte, varios soldados romanos echaron a suertes quién se quedaría con la valiosa prenda.

Se supo que el ganador de la apuesta no fue capaz de conservar la tela en la que se mezclaban el púrpura del tinte con el de la sangre del Rey. Conmovido y doliente, regresó el manto a la madre del injustamente ajusticiado.

# EPÍLOGO

Abrí este libro dedicándolo a la memoria de mi madre. Lo cierro con el alma henchida de ella. Las pasadas páginas nos transportaron junto al pastor y las ovejas. Ella me pastoreó con amor, pericia y con mucho más corazón que recursos.

Hoy, al despertar e incorporarme, sentí mucho frío. Me embutí en la bata gruesa, la que tengo reservada para el invierno más crudo; pero el frío persistía.

Comprendí entonces que no era el cuerpo lo que temblaba. Era el alma, mamá, tiritando bajo el hielo de tu ausencia.

Finaliza diciembre y encendí todas las luces navideñas en un intento de espantar las sombras. Fue inútil, pues las luces de colores sólo agigantaron el vacío que has dejado.

Fue entonces cuando unas de tus últimas palabras flotaron en la superficie de mi memoria: "A veces siento miedo" —nos dijo cuando ya se encontraba abatida por la enfermedad—, entonces le pido a Dios, "No me sueltes de la mano, Señor, no me sueltes de la mano". ¡Y Él no me deja! ¡Él está conmigo! —tu voz surgía triunfal por los bordes de la máscara de oxígeno.

Te imité. Hice lo mismo que tú. Repetí tu oración y clamé por Su consuelo… Y funcionó.

Fue tu último consejo para mí y como todos los que en vida me diste, trajo bendición y sanidad…

"No me sueltes de la mano, Señor. Por favor, no me dejes…".

Y el milagro de Su Presencia impregnó de paz y esperanza el vacío de la ausencia.

Lágrimas siguieron fluyendo, pero ya no quemaban tanto. Y tras la húmeda cortina vi danzar las luces navideñas y a ti sonreírme. "Te quiero mucho, hijito —vuelves a decirme—. Te quiero con todo el corazón".

"Y yo a ti, mamá. Te amo, te extraño, te necesito. Te veré en ese maravilloso lugar en el que nos esperas y en donde nunca más nos desgarrarán las despedidas. Mamá, solo una cosita más: tú que te encuentras junto a Él, recuérdale por favor, que a cada segundo me abrace".

# SALMO DEL PASTOR
## SALMO 23

Jehová es mi pastor; nada me faltará.
2 En lugares de delicados pastos me hará descansar;
Junto a aguas de reposo me pastoreará.
3 Confortará mi alma;
Me guiará por sendas de justicia por amor de su nombre.
4 Aunque ande en valle de sombra de muerte,
No temeré mal alguno, porque tú estarás conmigo;
Tu vara y tu cayado me infundirán aliento.
5 Aderezas mesa delante de mí en presencia de mis
angustiadores;
Unges mi cabeza con aceite; mi copa está rebosando.
6 Ciertamente el bien y la misericordia me seguirán todos
los días de mi vida,
Y en la casa de Jehová moraré por largos días.

# NOTAS

## SOBRE EL AUTOR

**José Luis Navajo** comenzó a ejercer funciones pastorales siendo muy joven, a los 17 años. En la actualidad forma parte del cuerpo pastoral de la Iglesia Buen Pastor, en Madrid, y compagina esas actividades con un servicio intereclesial mediante el que imparte conferencias y ministra en el ámbito nacional e internacional. Así mismo, es profesor en el Seminario Bíblico de Fe, además de un reconocido escritor con diecisiete títulos publicados por diversos sellos editoriales.

José Luis y su esposa, Gene, llevan 40 años casados. Tienen dos hijas: Querit y Miriam, y tres nietos: Emma, Ethan y Oliver.